MÉMOIRES
CRITIQUES
SUR L'ORIENT,

SUIVIS DE

RÉFLEXIONS POLITIQUES ET ESSAI SUR L'ILE DE CORFOU,

ET D'UN

Petit aperçu du sort des Officiers de l'armée napolitaine,

APRÈS LES ÉVÉNEMENTS DE 1821;

PAR

M. LE CHEVALIER DE FERRER,

Ancien capitaine d'artillerie de marine.

Traduit de l'Italien par l'Auteur lui-même.

PARIS,

CHEZ L'AUTEUR.

1845.

Valence, imprimerie de J. Marc Aurel.

PREFACE.

A notre retour des voyages dont il est question dans ce livre, et quoique sous l'influence du paroxisme des fièvres qui ont si cruellement tourmenté nos heures de travail, oubliant nos souffrances, et dans l'unique pensée d'être utile au public, nous nous sommes hâté de reproduire en français l'essai que nous avions publié à Corfou en 1842.

Un récit exact, fidèle et consciencieux de ce qui nous a le plus frappé dans les lois, les usages et les mœurs des Orientaux, est ce que nous offrons à nos lecteurs en dédommagement des fables et des commentaires superflus dont nos prédécesseurs les ont si pauvrement enrichis. Selon nous, une relation historique doit être simplement le résultat d'un jugement sain, d'une observation profonde, réfléchie et soutenue.

Quiconque écrit ses voyages sans se bien pénétrer des devoirs sacrés de l'historien, ou qui, insouciant sur les conséquences de son œuvre, laisse errer sa plume au gré de sa poétique imagination, ne peut faire qu'un roman inutile, quand il n'est pas ridicule ou nuisible. La vérité seule est du domaine de l'histoire, et c'est tromper ses contemporains, abuser de leur crédulité que de falsifier au profit du style et de l'invention.

Or, si en nous renfermant dans les conditions que nous impose d'une manière expresse l'importance de notre sujet, nous parvenons à éclaircir certains doutes que des rapports infidèles et mensongers de la plupart de nos illustrations littéraires ont introduit dans les esprits les plus clairvoyants, sur le caractère des peuples de l'Orient et la voie à suivre pour les associer à notre politique, à nos intérêts et à notre avenir, nous aurons atteint notre but, et par conséquent acquis la noble récompense due à nos fatigues et à nos travaux.

MÉMOIRES

CRITIQUES

SUR L'ORIENT.

Se gratter le front dans une position méditative, pour échauffer son cerveau et en faire jaillir la pensée rebelle, c'est bien la manie de ceux qui écrivent, mais cela ne constitue pas un écrivain. Aussi n'ai-je pas la prétention de m'élever si haut en donnant un essai sur mon voyage en Orient. D'ailleurs cet essai n'est autre chose qu'une relation simple et fidèle de ce que j'ai vu, et non une invention de poète dont l'imagination, toujours altérée, a besoin de voir des merveilles où il n'y a qu'une froide et misérable réalité. De là tous ces contes renouvelés des *Mille et une Nuits*, qui séduisent notre esprit, excitent notre curiosité et nous poussent, ivres de joie, de bonheur et d'espérance, vers ces contrées où, à notre grande surprise, nous ne trouvons qu'une vie de déception, d'ennui et de regrets, au lieu de cette vie si douce et si voluptueuse, tant vantée par nos illustres écrivains.

Aprés avoir visité la majeure partie des contrées de l'Europe et celle du pôle artique, me trouvant en quarantaine à Trapani, port très-connu de la Sicile, je m'embarquai sur un navire grec pour me rendre à Athènes, capitale de la Grèce, DITE RÉGÉNÉRÉE. Le navire était d'une belle et majestueuse construction; il chargeait du sel dans ces parages. Je fis l'accord de mon passage, que je payai fort cher, avec un hydriote, capitaine du brick, et je montai à bord sans autres formalités. Mes compagnons étaient des réfugiés italiens, qui, ayant parcouru une grande partie du globe, voulaient se rendre dans ces contrées offrant du moins, à défaut de ressources, un asile aux hommes politiques; je ne saurais affirmer si c'est par calcul ou par sympathie. Il est incontestable qu'un petit peuple peu fortuné, se trouvant circonscrit dans une petite terre, affecte volontiers de faire cause commune avec la foule des réformateurs du jour. Notre voyage fut très-heureux, car, malgré les petites îles et les rochers, qui sur tous les points divisent les eaux de l'Archipel, et sont autant d'obstacles et de périls pour les navigateurs, nous arrivâmes en six jours au Pyrée (port d'Athènes). Le capitaine, homme courageux mais sans expérience (ce qui est rare parmi les Grecs), préféra nous exposer à être engloutis, que de suivre les avis donnés par moi de diminuer de voiles, lorsque le vent augmentait, et cela autant par entêtement que par un coupable excès d'orgueil et d'amour-propre qui, au reste, est le caractère distinctif de la plupart de ces peuples. Aussi arriva-t-il un instant où la violence du vent fut telle que, sans l'audace du pilote, nous étions perdus sans espoir aucun. Le temps changea très-rapidement, et à travers tant d'abîmes, nous découvrîmes enfin le port. Que les périls auxquels nous venions d'échapper par miracle soient la conséquence obligée de l'ignorance de certains hommes de mer, cela se comprend; mais ce qu'on croira difficilement, c'est que, dans notre position, ils provenaient moins de l'inhabilité du capitaine que de sa folle présomption. Il aurait indubitablement préféré s'engloutir avec ce gros brick, à lui appartenant, et entraîner tous les passagers dans son naufrage, que de devoir son salut et le nôtre à mon expérience et à mes conseils. Le Pyrée a la figure d'un demi-cercle allongé, et ressemble à une ellipse coupée, dominée par de petites et riantes collines. Ce beau golfe est assez grand, mais dans l'intérêt du commerce que peut offrir aux étrangers une ville située près de la mer et par les facilités que la nature offre à un peuple de mariniers, on aurait mieux fait d'y fonder la nouvelle Athènes.

A peine arrive-t-on sur ce nouveau continent, qu'une foule de cabriolets et de fiacres vous entourent, les cochers se disputent avec acharnement pour conduire les voyageurs à Athènes, qui est à une lieue et demie du port, et par conséquent, on doit courir pendant une heure, sur une méchante route tracée par les ingénieurs bavarois. Dans l'été, la poussière vous étouffe, et dans l'hiver, la fange rend ce sentier presque impraticable. La nouvelle Athènes a été réédifiée, comme chacun sait, sur les ruines de l'ancienne, par ordre du roi de Bavière, qui jouit d'une grande réputation d'homme de lettres en Europe. En agissant de la sorte, il a mérité la qualité d'antiquaire qu'on lui attribue, et montré à son fils que, s'il lui est permis de régner en Grèce, il ne doit jamais perdre de vue le nom et la gloire que ces peuples ont su acquérir dans l'antiquité. Quoi qu'il en soit, je suis fort embarrassé pour donner mon avis sur ce qui a rapport à l'architecture et à l'ordre symétrique de cette métropole. Le seul talent qu'ont eu les architectes destinés à ces travaux a été celui de laisser intacts les vieux édifices; le reste est un massif de maisons construites à la moderne; entassées les unes sur les autres ou éparpillées çà et là, offrant à la vue le simulacre d'un grand village. *O tempora, o mores*. Le peuple grec est courageux, très-actif et industrieux, si ces éminentes qualités étaient secondées, leur sort, dit-on, s'améliorerait; mais malheureusement pour ces descendants de héros, on ajoute que leur princc, malgré toutes ses bonnes intentions, le mérite de sa personne et de son esprit, ne peut, à cause de sa jeunesse, se mettre toujours d'accord avec ses administrés. A notre avis, ce sont des plaintes mal fondées et de fausses suppositions. Nous nous plaisons, au contraire, à résoudre le problème en faveur du roi Othon. Les Grecs ont constamment la manie de se déclarer contre son régime gouvernemental, tout en jouissant d'une liberté qui dégénère en licence. Pour que les peuples soient heureux sous la dynastie monarchique, il conviendrait peut-être qu'ils fussent dirigés par un prince national, lequel n'est jamais étranger aux habitudes et aux mœurs de ses sujets. C'est ainsi que l'on pourrait atteindre au véritable but; mais où trouver un gouvernant parmi les Grecs, après l'assassinat du comte Capo-d'Istria! Quelles que soient les raisons données par l'opposition pour excuser de pareils attentats, ce sont des actes qui creusent des plaies profondes, et ne peuvent que ralentir la civilisation.

Mon séjour à Athènes ne fut pas long; on y est mal logé tout en payant fort cher. Ne sachant que faire et ne trouvant pas d'occupation dans un pays qui n'offre aucune ressource aux artistes musiciens, après avoir visité les antiquités, je m'embarquai sur le bateau français qui se rendait à Smyrne, que les fanatiques appellent le Paris du Levant. Après la traversée, nous arrivâmes dans ce lieu qui, indépendamment du grand golfe ou port fait par la nature, offre de bizarres constructions communes, du reste, à toutes les autres villes de l'Orient. C'est vraiment grotesque de voir, parmi ces bâtiments irréguliers et ces nids de pie, de grands édifices qui restent ensevelis dans de petites ruelles qui se croisent en tout sens, de sorte qu'à chaque instant on croit se trouver dans une juiverie. La population de Smyrne est composée de tout ce qu'il y a de plus grossier parmi les Francs de la race lévantine, à l'exception des négociants étrangers qui, malgré eux, sont forcés d'être en relation avec de pareilles gens. Je m'arrêtai quelques jours dans cet endroit qui ne peut faire naître que de l'apathie, de l'ennui et donner des étourdissements, puis je partis donc pour Constantinople.

On a tant parlé de la capitale de l'Empire Ottoman, qu'il fallait bien y aller en quittant Smyrne. Cependant le type de l'intérieur est toujours le même en Turquie, où l'on ne voit que fumier et ordures. Il n'y a de beau que la nature du sol à Constantinople, à Smyrne et dans toutes les autres villes de l'Orient, qui servent de niche à plusieurs centaines de milliers d'hommes; mais, malgré tout ce que nous venons de dire, on est vraiment étonné de voir ce port immense, encadré par de très-belles collines qui offrent à l'œil d'un observateur un mélange de mosquées, d'obélisques, de colonnes et de demeures presque toutes en bois, d'une construction recherchée et présentant une perspective riante et un ensemble qui a quelque chose de magique. La division des deux mers, la terre d'Asie du côté opposé du Bosphore, détroit grand et majestueux, de vingt mille italiens de longueur, dont les bords, les collines, les belles campagnes et les villages qu'on y rencontre, à peu de distance l'un de l'autre, embellissent toute l'étendue du canal. Une quantité immense de maisons en bois se succèdent sans interruption; dominées par ces mêmes villages, elles paraissent bâties sur la mer, et présentent, à droite et à gauche, un coup-d'œil magnifique. En un mot, ce grand panorama, tout en excitant l'imagination, a le privilége de satisfaire la curiosité. Les résidences impériales qui s'élèvent comme des tours sur les deux côtés de ce bras de mer, les pagodes, les tours, les casernes, et une grande quantité de palais et de harems, qui appartiennent aux pachas, aux visirs et à tous ceux *non so che* qui composent la famille de la cour orientale, offrent un mélange de beau et d'agreste dont on aime à s'énivrer. Nous avons jugé inutile de faire mention de l'architecture, il n'y a réellement dans le Bosphore que des maisons de bois. Il en est de même à Galata et à Péra, on rencontre cependant quelques médiocres édifices et les magasins qui ont été bâtis par les Européens pour y déposer leurs marchandises.

Stamboul, ou Constantinople, présente en même temps, dans le lointain, un continent dominé par des collines qui récréent la vue. Sur chaque point, les belles perspectives, en renouvelant ces positions riantes, vous arrêtent et donnent à l'homme le désir de les parcourir sans qu'il soit possible de se douter du labyrinthe dans lequel on se trouve dès que l'on met pied à terre. Indépendamment des entraves et des ordures qu'on rencontre si souvent dans cette ville, il est vraiment pénible, pour nous, d'être obligés de faire observer que la capitale, ainsi que toutes les autres cités du Levant, contient parmi les habitants un grand nombre d'Européens de différentes nations, de divers cultes et de mœurs variées qui se repoussent tour-à-tour, et, guidés par l'intérêt, s'écrasent mutuellement.

A la grandeur de Constantinople, à la beauté du sol, à ce luxe asiatique qui éclate de tous côtés, et pour compléter cet admirable panorama, il faut ajouter les divans et les palais impériaux, à cause de leur construction compliquée et bizarre.

Les idées de réforme avaient déjà commencé dans le Levant, et les embellissements qui ont été faits par le dernier sultan Mahmoud brillent partout où le regard se pose. Son tombeau est grandiose, bien différent en cela de ceux de ses ancêtres : il a été construit en six mois, dans une position agréable qui domine Stamboul et la résidence du séraskier. Il est tout incrusté de marbre blanc au dehors et d'une belle forme; des jardins où l'on voit des inscriptions taillées dans le marbre et beaucoup d'autres choses, concernant les usages des Musulmans, sont attachées à ce tableau.

L'église de Sainte-Sophie est un monument digne de la grandeur romaine; mais malheureusement mutilé aujourd'hui.

Le pont mobile, situé sur les eaux du port, le même qui réunit le quartier des

Francs à celui de Constantinople, sans être élégant, est aussi grandiose que solide. Aucun impôt n'a été mis sur cette immense population pour en supporter les frais, le sultan s'y est opposé fermement, en soutenant que le trésor public doit suppléer à tout ce qui peut contribuer au bien-être du peuple : maxime noble chez un Turc qui, d'après la constitution de ses états, est maître absolu de la vie et de la fortune de ses sujets. Ce pont s'ouvre au centre et donne passage aux vaisseaux qui, dans l'hiver, entrent dans ce vaste arsenal, unique au monde par sa position topographique. Tout, absolument tout, par son originalité, est curieux et digne d'observation; des bateaux d'une nouvelle construction et en grande quantité couvrent continuellement les eaux du Bosphore et offrent sur mer un mouvement qui ne cesse dans la ville qu'avec le jour.

Les beautés dont j'ai parlé jusqu'à présent s'évanouissent sitôt que l'on met pied à terre, et qu'on commence à parcourir le quartier des Francs et celui de Constantinople. Les rues sont incommodes, sales et encombrées d'une troupe de chiens qui restent couchés de tout leur long et en interceptent le passage. Pendant la nuit, ces gardiens étranges deviennent assez dangereux, puisqu'ils attaquent les habitants, et pour s'en garantir, il faut être pourvu de lanternes et de gros bâtons, autrement l'on risque d'être dévoré, ce qui est arrivé à quelques mahométans qui, infidèles à la loi du prophète, se sont endormis au coin d'une borne, après maintes libations pour se réveiller Dieu sait où.

Les cimetières sont tellement répandus qu'ils se confondent avec les jardins dans les plus grandes places de la ville. Les Turcs, les Arméniens et les Grecs les traversent à toute heure pour raccourcir leur chemin, et chaque maison contient le tombeau de la famille dans un petit jardin arrangé exprès, rempli de saules et d'inscriptions taillées dans des morceaux de marbre qui se trouvent pêle-mêle parmi les arbres destinés à conserver le souvenir des dépouilles mortelles. Voilà la source de cette peste qui fait tant de ravages et qu'on ne conçoit pas en Europe. Cependant il y a bien des années qu'on s'est occupé d'établir un bon système de quarantaine ; l'infection ne se reproduit pas périodiquement comme en Egypte, bien qu'à Constantinople on enterre les cadavres à chaque pas en creusant superficiellement la terre. La peste endémique et annuelle d'Alexandrie reste à bord des navires arabes et les immenses masses d'hommes qui circulent dans la Capitale de cet empire végètent, comme je viens de le dire, au milieu des morts.

En été, le séjour de Constantinople, malgré tous les inconvénients que nous venons de citer, est très-salutaire et le plus beau du monde, car le flux et le reflux des deux mers et le parfum suave qui émane des collines riantes dont on est environné rendent la respiration facile et la vie agréable. En hiver les maisons de bois et les mauvaises routes rendent cette Capitale inhabitable. Je n'oublierai jamais à cet égard l'impression que j'éprouvai en voyant chez un négociant maltais une paire de bottes d'une épaisseur considérable et qui devaient atteindre l'abdomen de celui qui les portait. Je lui demandai s'il s'amusait à aller à la chasse? Il me répondit en souriant : ces meubles sont ici indispensables dans l'hiver, un Européen qui n'en a pas a bien de la peine à se tirer de la fange, et il peut s'exposer à une pleurésie à cause de l'humidité de l'atmosphère et de la saleté du sol.

Parler du fanatisme des Turcs, de leurs usages, de leur manière de vivre et de bien d'autres préjugés qui donnent le mouvement à cette grande population, ce serait tomber dans un labyrinthe dont on ne pourrait sortir. Pour tout ce qui concerne l'administration et les formes du gouvernement, il est surprenant que malgré les innovations que l'influence européenne a cherché d'y introduire, on en ait tiré jusqu'à présent peu ou point de profit. En effet, outre les changements que le dernier sultan a introduits dans le costume de l'armée qui est équipée à l'européenne, on observe une certaine modification dans l'habillement des grands fonctionnaires; on a substitué à l'ancien turban le *fessi* rouge, orné d'une longue et large touffe de soie bleue; la veste est faite à l'italienne, et l'uniforme a été converti en une redingote de drap bleu. Qu'est-ce qu'il y a de nouveau dans tout le reste? Le *far niente* et la luxure forment le caractère des Orientaux : il faut espérer que le temps, ce grand maître des choses humaines, en abattant plus tard le colosse du préjugé, détruira l'insouciance et l'apathie orientales beaucoup plus nuisibles aux Mahométans qu'aux Européens domiciliés dans ce pays. Un usage modéré du café, peu de parfums, moins de tabac, point d'épiceries dans leurs mets et un système mieux entendu pourraient donner un jour de l'énergie à ces hommes qui, se trouvant bien constitués, respirent un air salutaire. L'humidité qui est si nuisible en hiver aux Européens est tout-à-fait familière aux Turcs, particulièrement à ceux de la basse classe, qui, presque sans vêtements, se promènent nu-pieds; ces individus bravent le mauvais temps avec des pantouffles, et ils sont forts et bien portants. L'habitude a un grand pouvoir chez les indigènes en Turquie, car un étranger mourrait s'il n'était pas mieux habillé et surtout mieux chaussé, tandis que les Turcs engraissent en se remuant dans la fange et dans l'humidité qui s'exhale des murailles des maisons, lesquelles se trouvant tout en bois, au lieu de repousser la pluie s'en imbibent et en gardent le levain, jusqu'à ce que les rayons du soleil parviennent peu à peu à les dessécher.

En été il n'y a aucun séjour plus riant que celui de Constantinople. Les différentes nations qui s'y trouvent rassemblées, présentent une affluence singulière qui ne peut que distraire; outre les vastes prés émaillés de fleurs qui environnent la cîme de Péra, où va se promener celui qui aime à jouir des beautés de la nature, on ne doit pas négliger de traverser les eaux du Bosphore pour se rendre à Bouïouk-Déré, position délicieuse située vis-à-vis l'embouchure de la mer Noire. C'est là que se réunissent tous les ambassadeurs, les étrangers, les riches Arméniens et les Grecs pour se délasser et s'éloigner en même temps de la confusion dans laquelle on vit à Constantinople. Il est vrai que les courants du canal en rendent le passage très-difficile lorsque le vent est frais; mais les raïs sont très-habiles et savent, avec leurs longs canots, surmonter tous les obstacles. D'ailleurs, si la perspective des deux côtes est intéressante par les belles résidences qui se succèdent sans interruption, et par la beauté des collines qui s'élèvent sur les rives; ce n'est pourtant pas là le Bosphore si facile à traverser même dans l'été. Ordinairement le matin, la mer est tranquille, mais dès que s'élève le vent du *jour*, les eaux grossissent et tout en bouillonnant sans cesse du côté des parties diver-vergentes du continent, elles forment des tourbillons nombreux que les bateliers n'osent pas franchir. Dans ce cas il faut suivre la côte d'Asie, placée à l'abri du vent qui part de l'embouchure de cette redoutable passe appelée *bocaso* et qui, de la mer Noire, se jette dans le canal de Constantinople.

Bouïouk-Déré, ce lieu de plaisance, est toujours animé par la présence du corps diplomatique et par des dames grecques ou arméniennes (celles-ci sont fort belles et celles-là très-fières) qui, toutes seules, se promènent à travers les champs, s'asseyent par terre, et, en caressant leurs petits chiens, boivent le café dans ce séjour champêtre, à l'ombre d'un grand arbre transformé en salon par l'industrie turque. Cette simplicité, cette candeur et le respect que les hommes ont pour le beau sexe en le laissant en pleine liberté, font naître des idées romantiques. J'étais en extase, et dans mon ravissement, je ne manquais pas de faire des réflexions sur la différence qui existe entre les Orientaux et les peuples civilisés relativement aux mœurs.

Chaque jour je faisais des visites aux ministres étrangers qui sont très-accessibles dans le Levant; je m'amusai pendant quelques *mois* dans ce séjour enchanté, et ensuite je m'embarquai sur le bateau à vapeur qui partait pour Alexandrie.

Les affaires d'Egypte ont fait trop de bruit en politique pour ne pas conduire mon lecteur dans ces contrées mystérieuses. Des bateaux français, d'une belle construction, croisent les mers du Levant, et tout en abrégeant les distances, offrent aux voyageurs les soins et les avantages qui distinguent une grande nation, et honorent en même temps son excellente administration. Le bateau à vapeur qui me transporta à Syra, port de la Grèce, ressemblait à une frégate. C'est le point de réunion des navires français, anglais et italiens qui croisent dans ces mers et font en même temps le commerce du Levant. A Syra, on change de bateau pour se rendre à Alexandrie : ce voyage, qui autrefois était fabuleux, vu les difficultés que les eaux de cette mer présentent aux pilotes surtout dans l'hiver, se fait aujourd'hui quelque temps qu'il fasse. A la vue du port qui ressemble à toute autre chose, à moins qu'on ne veuille donner en Orient ce nom à une langue de terre entrecoupée par la mer, nous fûmes obligés de louvoyer pendant la nuit à cause de l'orage et de la tempête qui s'éleva du rivage. Le pilote le plus habile n'ose avancer dans ces parages que dans le jour. La flotte du Pacha et une multitude de navires marchands surprennent les voyageurs, et quand on réfléchit que tous les bâtiments sont exposés au caprice des vents (cette rade est sans abri), cela excite la compassion des hommes du métier. Cette armée navale est d'une nouvelle date ; car d'après les renseignements certains que j'ai recueillis, il paraîtrait que les vaisseaux et les frégates ont une singulière nomenclature et sont faits exprès pour opposer une résistance, plutôt par le nombre que par la force réelle, à la flotte ottomane qui, si elle n'a pas assez de marins et de bons officiers, a du moins été construite par un ingénieur habile; bien armée et bien équipée, cette flotte pourrait se mesurer avec les vaisseaux de toute autre nation. Où sont les amiraux? Quels sont les officiers de la flotte égyptienne? C'est vraiment plaisant. Un très-petit nombre de pilotes, échappés de la côte de Sorrento, du royaume de Naples et d'autres lieux, sans expérience et sans aucun talent, voilà les hommes destinés à dominer les vagues et à donner l'impulsion à la guerre si le pacha voulait l'entreprendre. Il faut se rendre en Orient pour voir jusqu'à quel degré le fanatisme et l'ostentation poussent les Musulmans.

La ville d'Alexandrie n'est pas l'ancienne, mais la moderne rebâtie par les Arabes, ou bien par ceux qui la commandaient dans ce temps : elle est placée à côté d'une île et vis-à-vis de la mer. Les bâtiments sont composés de briques mal entassées les unes sur les autres; elle est entourée de tous côtés par de petites cabanes pauvres, boueuses, qui servent d'asile aux malheureux.

Les bazars, ces longues et larges allées ordinairement à demi couvertes, sont des routes où l'on pénètre avec difficulté, à cause du mouvement qu'occasionne le passage continuel, et le commerce des Arabes; de sorte que la foire dans les bazars de l'Orient est quotidienne, au lieu de durer huit jours comme c'est l'usage en Europe. A Tunis et à Constantinople ces allées sont *très*-larges, d'une grande hauteur et garnies en même temps d'objets précieux et rares; par exemple on y trouve de la fort bonne laine, des tissus à l'usage des orientaux, des schals de Perse, des perles, de l'argent, de l'or et des diamants d'un très-grand prix. Les bazars d'Alexandrie ne vous offrent rien qui soit remarquable en fait de luxe ou d'objet recherché, et cela, parce que les Arabes n'ayant pas d'argent s'en passent, et que, parmi les Européens un très-petit nombre serait à même de faire emplette de ces marchandises.

Après avoir parcouru de petites ruelles qui ressemblent à une juiverie, à côté de la marine, on entre dans le quartier des Francs. Tout-à-coup une grande place, de la figure d'un carré allongé, se présente à l'œil du spectateur; elle est entourée de beaux édifices, grandioses même, et construits à la moderne, dont la plupart appartiennent à Ibrahim-Pacha. Dans le centre de ce rectangle, l'on découvre un pygmée, chef-d'œuvre d'un malheureux qui, sentant en lui l'inspiration d'un architecte, a surpassé de beaucoup la stérilité qui caractérise le dernier de nos ouvriers. On me demandera ce que j'entends par ce pygmée, eh bien, on a voulu élever une fontaine, mais malheureusement on ne voit encore qu'une conque posée sur un piédestal d'albâtre oriental, au milieu de laquelle s'aperçoit un très-petit obélisque. C'est vraiment fâcheux, car, pendant le séjour que j'ai fait dans cette ville, j'ai eu occasion d'apprendre qu'il ne manque pas d'hommes d'une certaine capacité, spécialement parmi les consuls; mais il paraît qu'une désunion règne entre eux à cause des priviléges, et pour cela, ils ne sont presque jamais d'accord avec les autres négociants, aussi se soucient-ils peu que l'étranger fasse des critiques sur tout ce qui les concerne, et leur reproche en même temps cette paresse qui n'est point admissible dans une classe de personnes intelligentes qui pourraient donner le ton à cette colonie. Il suffit que l'on fasse attention aux œuvres publiques de Méhémet-Ali, pour que les Européens soient honteux de ne pas avoir achevé cette fontaine qui pourrait leur donner une eau saine en reproduisant, par le moyen des canaux, celle du Hêlz qui, agitée continuellement dans son passage, n'aurait pas besoin de l'alambic dont se servent les Egyptiens et les Francs pour filtrer les eaux de la rivière dont ils s'abreuvent. Je ne saurais dire autre chose sur le mérite de cette population, excepté que des troupes de Français, d'Italiens, de Maltais et même d'Allemands, qui n'avaient rien à faire dans leur pays, y sont venus pour y gagner leur vie. La réunion d'une grande partie de ces gens, produit une altération dans la société, dont on doit se méfier.

Extrêmement souffrant et accablé par la monotonie qui domine ce séjour de malheur, l'on m'engagea d'aller au Caire, où l'on prétend que la terre n'est pas aussi marécageuse que celle d'Alexandrie; du moins il n'y a pas de salines, et par conséquent le climat est plus sec. Dans cette incertitude, l'espoir d'une amélioration me détermina à visiter la résidence de Méhémet-Ali. Je payai bien cher la vue des Pyramides, en me trouvant au milieu de ce chaos, et de tout ce qui est relatif au grand Caire.

Dans une position qui n'est pas loin d'Alexandrie existe un petit port sur le Nil appelé Mahmoudy, c'est là qu'on s'embarque pour traverser ce fleuve. Par bonheur j'étais en compagnie d'un frère cordelier toscan qui connaissait la langue arabe. Il me fut facile de frêter une barque et nous partîmes ensemble pour la capitale du royaume. Le vent nous fut favorable, et dans trois jours nous serions arrivés à notre destination si l'apathie et la misère de ces raïs n'eussent été un obstacle à notre navigation. Les conducteurs de ces navires ne marchent pas pendant la nuit pour pouvoir recruter le matin dans les villages les malheureux Arabes qui les attendent de bonne heure sur les bords du Nil. Triste condition de ces peuples! Les satellites du Pacha les tourmentent de manière que jusqu'aux plus petites ressources tout leur est extorqué. Ces malheureux ont beau s'iudustrier pour améliorer leur triste condition; il n'y a point de remède : les agents des interprêtes de

Méhémet-Ali renouvelant la fable d'Anthée qui luttait contre la mer, s'élèvent à chaque instant contre eux. Une bande de vautours surveille les malheureux journaliers et tous ceux qui possèdent quelque chose; dès qu'ils s'aperçoivent qu'il y a du bonheur dans quelques familles, ils arrachent de leurs mains ce pain mouillé de sueur pour les forcer à accepter un morceau de pâte cuite sous la braise, sans sel et sans levain; autrement des coups, et ce qui est pis, sous la plante des pieds. Cruauté inouie! On ne croira pas que les agents du Pacha en abusant de l'autorité qu'on leur accorde, forcent les pauvres paysans d'acheter les herbages de ses terres au prix qu'ils veulent, et il arrive très-souvent que les revendeurs en les débitants éprouvent une perte sur le capital; ce monopole n'empêche cependant pas aux Européens de vendre les denrées qu'ils retirent de leurs petites terres. Comment signaler ces fripons qui ne font qu'obscurcir la gloire du régénérateur de l'Egypte. Il y a des gens qui crient contre la pétulance des Arabes, je demande ce que feraient d'autres peuples ainsi traités. On me répondra : mais les Arabes ne sont pas civilisés. Quant à moi ce sont des mots qui n'ont pas de valeur. Quel est l'auteur des misères qui affligent tous ces hommes, qui les énervent, qui les abrutit, qui les écrase à toute heure et à chaque moment? Celui qui commande. L'homme n'est pas né pour être humilié, et celui qui se propose de le diriger s'il n'a d'autre but que de l'habituer à l'esclavage par les voies de la terreur, ne peut que mériter le mépris du genre humain et finir tôt ou tard par être la victime de son despotisme.

Le voyage d'Alexandrie au Caire est bien long; il s'agit, je crois, d'une distance de soixante-dix lieues environ. Les bords du fleuve sont beaux et se présentent sous des formes variées. A droite et à gauche on découvre de petits villages qui renferment quelques demeures passables, le reste est un amas de cabanes de terre ou de fange peu différentes des huttes dans lesquelles on enferme le bétail en Europe.

La navigation du Nil a ses beautés et ses inconvénients. Cette rivière est assez dangereuse, car son lit vous présente un zig-zag continuel, ce qui fait que les vents sont variables, ainsi que les courants. Le seul moyen de salut qui reste aux mariniers lorsque le vent souffle et que les eaux grossissent, c'est de heurter avec la proue contre la terre du rivage, qui, se trouvant imbibée d'eau, la reçoit facilement. De cette manière, le navire reste attaché à la boue; on s'arrête pour attendre que le vent diminue ou change. C'est alors qu'il est permis de reprendre la navigation. Les travaux et les fatigues que les Arabes supportent pour pouvoir retirer la barque de cette position sont extraordinaires. Tout-à-fait nus, ces forts Egyptiens se jettent dans l'eau et avec le dos repoussent la partie extérieure du navire; ils s'animent en criant, et l'excès du travail les expose à une sueur froide qui compromet leur existence toutes les fois qu'il s'agit d'accomplir un tel travail. Il est certain que l'œil du navigateur, tout en admirant ce courage, ne peut qu'en avoir pitié, en voyant à quel prix l'on doit traverser le Nil. Les eaux sont très-douces, et bien que la couleur s'approche du café au lait, cela n'empêche pas que le voyageur en soit ravi.

On pourrait réduire ces souffrances, ces peines en protégeant le commerce dans l'intérieur.

Le lit du fleuve n'a pas toujours la même profondeur, mais l'on pourrait construire des petits bateaux à vapeur, ainsi que l'ont fait les Anglais pour faciliter leur commerce de la Compagnie des Indes; dans ce cas là les voyageurs ne seraient pas attristés par le spectacle que nous venons de décrire, et les matelots ne se trouveraient pas forcés, lorsqu'on monte la rivière pour se rendre au Caire, de supporter de pareils tourments. Tout est subordonné au désordre dans ces lieux barbares, et il n'y a de réglé que ce qui vient du hasard. Voilà pourquoi un mal est presque toujours le préliminaire d'un autre, et les pauvres Egyptiens doivent ramper le ventre contre terre, ainsi que des serpents sans pouvoir se plaindre.

Je reviens à mon voyage. Le premier jour nous arrivâmes à Athfé, petit port situé sur les bords du Nil où l'on rencontre un hôtel passable, des bazars, quelques maisons d'agents consulaires et plusieurs magasins. D'un autre côté existe le village qui est le domicile spécial des esclaves. Je fus tout étonné le matin du grand mouvement qui se présentait à la vue et de l'activité avec laquelle les indigènes transportaient le blé sur le rivage opposé. Je voulus connaître à qui appartenaient de pareils chargements, et l'on me dit : tout cela est au Pacha. En même temps il y eut des Européens qui voulurent bien me dévoiler le grand secret du commerce clandestin que Méhémet-Ali a exercé et exerce encore dans ces pays-là, indépendamment du ravage de ses officiers subalternes, il n'est pas difficile de concevoir que les bras des Européens, dont il a su tirer et tire encore un parti convenable, ont donné à ces marchandises le débouché nécessaire. Nul doute que le Pacha ne s'y soit très-bien pris, car il a augmenté considérablement ses capitaux en ayant soin de tolérer ces courtiers francs et les autres étrangers, parmi lesquels il y a un certain M. N. qui a un étalage de prince. Ce fanatique, en s'occupant des affaires du vice-roi, sans percevoir aucun émolument, se fait jusqu'à cinquante mille dollars par an. Il n'est donc pas extraordinaire que Méhémet-Ali ait accordé et accorde des facilités à bien des gens répandus en Egypte ; il ne saurait faire autrement, car la nature de ses affaires l'exige. D'ailleurs le Turc n'est pas assez niais pour ne pas savoir ce qui convient à sa rapacité et à son intérêt; en un mot, sans l'appui du commerce, les conseils et l'influence des riches négociants européens, domiciliés en Egypte, le Pacha n'aurait pas atteint le degré de crédit et de richesse dont il jouit maintenant. On présume encore que bien des envois sont passés sous main aux agents de son commerce en Europe, pour assurer l'introduction de l'indigo, du coton, du blé, du riz et d'autres productions, afin d'éviter les impôts et de détruire la contrebande. Le Pacha, par sa finesse, puissamment secondée par les stratagèmes de ses adhérents, a pu triompher de la bravoure et de la perspicacité des Arabes, et à force d'intrigues et d'or, il les conduit comme il veut. Ses largesses calculées lui ont créé un parti assez fort pour éblouir ces hommes qui aiment à juger en aveugles. Il est incontestable que le nouveau pacha a dû s'élever au-dessus de ces prédécesseurs, en paraissant faire cause commune avec les Européens; mais sa renommée n'est pas placée si haut qu'on ne doive ajouter foi aux louanges multipliées des journaux de France, qui ont fait trop de bruit dans ces derniers temps.

Tout le monde connaît déjà que ces Messieurs ont été trompés par les ministres, et d'autres ont été séduits par les Français établis sur les lieux qui avaient un intérêt immédiat à le favoriser. A présent le talisman est tombé, parce que le temps, que les anciens Egyptiens représentaient sous la forme d'un serpent qui mord sa queue, a appris aux peuples policés quel est le véritable train des affaires sur la terre des Pharaons, et de quelle trempe a toujours été le dominateur des Egyptiens. *Veritas et semper veritas.*

GRAND CAIRE.

Le grand Caire est une ville très-ancienne, d'une construction arabe, c'est-à-dire que ses rues sont très-étroites et sans pavés. Les maisons sont spacieuses dans l'intérieur et très-hautes; cela préserve, dans l'été, les habitants des grandes chaleurs. Toutes ces circonstances, en donnant de la fraîcheur, offrent aux indigènes un abri contre les rayons du soleil, les insectes et l'humidité qui forment le véritable caractère des terres marécageuses de l'Égypte, à cause des canaux creusés par l'inondation du Nil, et tout-à-fait abandonnés à la simple nature. A chaque pas l'on rencontre des fossés remplis d'une eau sale et noirâtre qui exhale des miasmes pestilentiels qui s'allient avec les exhalaisons du Nil, et les vents dominateurs de ces vastes plaines.

J'arrivai au Caire vers la fin du mois de novembre 1841, et, malheureusement pour moi, en traversant le Nil, je fus atteint par l'ophtalmie et les fièvres intermittentes. En ville, pour ce qui concerne le mal des yeux, en six jours je m'en délivrai. Les fièvres périodiques ne me quittèrent pas si tôt, et j'en aurais été victime, si je n'avais pris soin d'éviter les rechutes. Quand je croyais être bien portant, les accès recommençaient en se succédant d'une manière peu rassurante, de sorte que je fus accompagné par les fièvres quotidiennes jusqu'au lazaret de Syra. C'est un souvenir fatal pour moi qui ai habité long-temps les contrées les plus froides de l'Europe sans souffrances, et cependant il m'a fallu payer ma témérité pour avoir voulu visiter le berceau de Phébus.

L'Égypte, qui autrefois a été le siége des arts et des sciences, qui a été si florissante du temps des Romains, aurait essentiellement besoin d'être dirigée par un homme capable et humain, qui, au lieu de faire peser un joug humiliant sur les malheureux, ferait beaucoup mieux de les préserver des infections qui les suffoquent. Par exemple, l'on devrait abattre les dattiers pour les transporter à une certaine distance les uns des autres, car ces peuples en tirent un grand parti indépendamment du fruit. Avec les feuilles et le bois de ces arbres, les Égyptiens font des corbeilles assez belles, des cannes et des meubles surprenants que les voyageurs achètent à un prix très-modique.

Dessécher les campagnes près de la mer; construire les barrières nécessaires pour isoler les salines; établir une police municipale, quoique malheureusement, même en Europe, elle ne soit pas partout en exercice; donner asile aux pauvres plutôt que de les forcer à vivre comme des nègres, renfermés dans de méchantes cabanes de terre; paver les rues intérieures de la ville, vu l'abondance du marbre et des pierres; planter des vignes qui donneraient du raisin délicieux, et par conséquent un vin excellent, germe de la gaîté et très-souvent le soutien de notre existence et de notre santé; voilà des améliorations à introduire.

Quelques Européens établis en Afrique ont déjà fait ce dernier essai dans les petites terres qu'ils possèdent. Il est défendu aux Francs d'acheter des propriétés, mais cela ne les empêche pas de boire le vin de leurs jardins et d'en régaler leurs compatriotes. Voilà ce qui pourrait rendre ce pays florissant et en faire le rendez-vous de ces hommes qui cherchent dans l'émigration les moyens de s'affranchir de la misère qui désole depuis long-temps notre belle Europe.

Est-il possible de croire qu'en Egypte, en Turquie et dans les autres pays du Levant, la peste ne fasse pas de ravages, si indépendamment des ordures que l'on rencontre à chaque pas, les habitants sont très-mal nourris, et par-dessus le marché, boivent de l'eau. Il est vrai que Mahomet l'a recommandé dans son Alcoran, mais ce n'est certainement pas pour la conservation de la race humaine qu'il l'a fait. Nous sommes d'avis qu'il s'y est pris ainsi pour mettre un frein à la chaleur qui accable les Arabes et tous les peuples de l'Orient, pour empêcher, nous aimons à le répéter, l'élan que cette boisson donnerait à ces peuples et les habituer de cette manière à supporter patiemment les concussions et les actes arbitraires qui se succèdent sans relâche sous le règne de leurs pachas. Reste à savoir si la polygamie a pour but la destruction ou la conservation de l'espèce humaine. La *pédérastie* et beaucoup d'autres vices ne sont guères utiles à l'homme ! Et pourtant je crois qu'un usage modéré du vin ôterait aux Mahométans cet engourdissement d'esprit qui les met au niveau des bêtes brutes. Mais que dis-je, les Arabes doivent manger de la pâte azyme cuite sous la braise. Dans un pays très-chaud, par l'usage des boissons toniques et excitantes, il est possible d'affronter les miasmes et les infections de l'atmosphère. Pour appuyer notre opinion nous citerons un exemple qui s'est passé sous nos yeux dans l'hôtel où nous étions logés au Caire. Ce vaste local avait, au rez-de-chaussée, un emplacement qui était destiné aux capitaines qui traversent le Nil, connus sous le nom de *raïs*, et à d'autres individus de la classe moyenne : parfois ces gens se réunissaient dans les salons en question et y passaient les nuits entières à chanter et à boire du vin et de l'eau-de-vie. C'est étonnant, mais comme il n'en est pas de même tous les jours, cela les soulage, et ce délassement les fait sortir momentanément de cette léthargie dans laquelle ils sont condamnés à vivre. Il faut en convenir, notre vie est courte et monotone, elle est subordonnée à la nature et il s'ensuit que, quand l'impulsion vitale est affaiblie, la matière rentre dans la matière, et l'âme poursuit son immortelle destinée....

Il y a dans le Caire des ânes en grande quantité, et, sans exagérer, je n'ai jamais rencontré dans mes voyages des bêtes plus grosses et mieux constituées que celles-ci. Les ânes d'Alexandrie, au contraire, sont petits, maigres et très-souvent teigneux. Il est évident que cette race d'animaux prospère plus dans les endroits chauds et loin de l'influence de la mer qu'ailleurs. Le commerce de ces quadrupèdes est encore une branche d'industrie pour les Arabes. En arrivant dans le port du Caire, appelé Bolaquet, on voit des bandes nombreuses de ces animaux avec leurs selles et prêts à recevoir le premier cavalier qui paraît. Les Egyptiens ayant d'excellentes jambes, les suivent en courant et servent d'interprêtes aux voyageurs, car on trouve fort peu de ces conducteurs qui ne parlent un peu le français ou l'italien. Au demeurant, ces ânes sont très-utiles à l'homme en lui procurant une gymnastique qui, d'après l'avis des médecins, est presque indispensable pour faciliter la digestion, tout en abrégeant les distances. Le prix de ces transports est si modique que tout le monde s'en sert, et une foule de chevaux et d'ânes encombrent à toute heure les rues du Caire. Quant à ces premiers, il n'y a que les gens comme il faut qui les montent. Il est vraiment beau de voir ce généreux animal, qui d'ordinaire en Europe est tourmenté par un mors dur, dirigé par un tout petit filet; de telle sorte que les Arabes et les Européens ne se servent pas d'éperons. Les selles et les étriers des Turcs sont de telle forme que l'homme se trouve bien assis et ferme sur ses étriers, par conséquent il peut reprendre son équilibre en s'arrêtant; mais la mode, en ce cas là, est en opposition avec les vieilles habitudes, ayant pour but tout ce qui est naturel et solide. La mode seule a la prérogative de tout détruire et de tout renouveler malgré nous.

En observant avec attention l'ensemble du Caire, il ne peut que nous étonner. Il n'est pas croyable que les anciens aient construit de grands bâtiments placés dans de petites ruelles qui n'ont pas plus de trois pieds et demi de largeur. Les premiers étages sont tous composés de grosses pierres coupées et placées les unes sur les autres; ainsi l'on voit ces étroites allées contenant des deux côtés de très-hautes murailles qui paraissent se toucher, mais qui cependant imposent à l'étranger. Pour se former une idée d'un labyrinthe, on n'a qu'à voir le Caire, qu'on pourrait appeler aujourd'hui la nouvelle Babylone. Il est certain que quand même un Européen l'aurait habitée long-temps, il ne pourrait la parcourir sans s'égarer.

Le costume du peuple en Egypte est simple et modeste. Les vieillards portent encore le turban, et les jeunes gens *le fessi* rouge sur la tête. Ils vont nu-pieds, voilà pourquoi les cordonniers ont très-peu à gagner avec les pauvres gens. Le contraire existe à Constantinople. Lorsqu'on se rend à Galata et à Pera (le chemin est très-long), on ne voit à droite et à gauche que des cordonniers, des tailleurs et des artisans en tous genres. Cela prouve beaucoup en faveur du sultan, car s'il est despote, il n'exerce pas son pouvoir absolu contre les indigents, mais seulement contre les Grecs et les Arméniens qui, par leur avarice et par leur méchanceté, s'enrichissent toujours. Leur effronterie est devenue insupportable, même aux Turcs. Aussi, le sultan ne les perd pas de vue, car souvent ils sont condamnés à partager avec lui leurs richesses, autrement la justice ottomane les attend. L'affaire du cordon et celui de l'échalas rendent sages les fripons, quoique aujourd'hui ce supplice n'ait plus lieu. Mais comment pénétrer dans les mesures d'une telle police?

Bouïouk-Déré est une résidence agréable en été, à cause de ses campagnes, bien qu'elle soit située vis-à-vis l'embouchure de la mer Noire. C'est là que se réunissent les ambassadeurs et toute la haute aristocratie. Je le répète encore, je fus ravi, non seulement de la beauté des femmes arméniennes, mais aussi du luxe asiatique qui éclatait dans leurs simples et riches costumes. C'est une charmante vue que celle de ces aimables femmes chaussées aussi élégamment, quelques-unes portent des pantoufles de brocard d'or, ces petits pieds feraient probablement tourner la tête à plus d'un ermite. L'habillement des Arméniens est curieux. Ils portent toujours le manteau en couleur, ainsi que tous les grands personnages en Turquie. Une robe de chambre assurée par un cordon à la ceinture est leur habit ordinaire; les culottes sont faites à la musulmane et les bottines en peau rouge très-pointues. Cette chaussure forme la marque de distinction entre les Turcs et les Arméniens. Les Turcs portent les bottines en couleur jaune. Les Arméniens couvrent leur tête d'un feutre noir qui ressemble à un globe aérostatique; c'est un cône coupé du côté où ils le coiffent. Leur maintien grave s'approche beaucoup de celui du chameau, et ce qui est pis, c'est que la plupart de ces Messieurs sont bossus. On dirait que cette bosse est la conséquence du poids de ce globe allongé qu'ils ont toujours fixé sur leur tête.

On se demande si les témoins de ce spectacle peuvent s'empêcher de rire. Cependant ces beaux masques se rencontrent à chaque instant à Constantinople; les Arméniens, dit-on, sont les dépositaires des richesses de la Porte ottomane. Il fut un temps où Messieurs les Ambassadeurs fatigués de leur luxe et de leur audace, et ne pouvant plus supporter ces caricatures ambulantes, firent entendre au sultan qu'il était nécessaire de réprimer tant de scandale, vu que ces Messieurs se donnaient le ton de vouloir éclipser par leurs formes extérieures les ministres et la noblesse étrangère qui se trouvaient à la campagne. Le grand Turc saisit toutes les occasions pour mettre à contribution leur bourse, et il les fit disperser en menaçant de faire trancher la tête à celui qui oserait encore importuner le corps diplomatique. Je ne sais si cela est arrivé. Aussitôt que la rigueur eut cessé, les riches négociants, par précaution, changèrent de campagne, et, pour être à l'aise, les Grecs et les Arméniens s'en allèrent à l'île des Princes, à cinq lieues de Constantinople. Les dépenses qu'ils font dans ce lieu sont extraordinaires; un étalage de grandeur se succède sans interruption. Je voulus visiter cette île célèbre et je dépensai assez d'argent en trois jours, y ayant vécu toutefois très-modestement. Ce séjour me fit tomber dans de profondes rêveries poétiques. La liberté dont on y jouissait à toute heure et qui est diamétralement opposée aux habitudes des Musulmans, et l'affluence du monde dans les cafés et dans les redoutes, où les dames et les cavaliers se promènent pêle-mêle; par là les connaissances y sont bientôt faites, et les jours s'écoulent sans qu'on s'en aperçoive. Les belles Arméniennes sans masques, les jolies Grecques et d'autres dames européennes rendent gai et brillant ce séjour de luxe. Tant d'élégance, tant de variétés me tenaient en extase. En un mot, le tout se confondait et, en se renouvelant sans cesse formait un tableau séduisant.

Je reviens au Caire. Nous avons dit que les Arabes de la basse classe vont nu-pieds. Leur costume est composé d'un manteau de toile ou de laine bleue, attaché parfois à la ceinture, et les culottes sont coupées à la musulmane, mais ils portent en sus un gilet à la grecque grossièrement brodé. Les femmes ont également une tunique en laine ou en toile bleue, mais en marchant leur sein brun se découvre, ce qui produit un répugnant effet. Sur cette espèce de tunique, il y a toujours un méchant manteau bleu qui leur cache la tête et le reste du corps. Les dames en Turquie et même les Arméniennes, qui forment une partie de la branche aînée parmi les grands, ont le visage couvert d'un petit masque composé d'une blanche et fine mousseline, mais pour les Arabes le masque est noir, ce qui est grotesque. Le nez de ces femmes est couvert d'un petit tuyau garni de bagues de laiton et d'autres métaux, auxquelles sont attachées plusieurs monnaies flottantes. Cette mode ressemble à celle du collier de sonnettes que nos mulets portent suspendu sur le front. Etrange et ridicule costume. Et pourquoi tout cela, pour cacher la figure des dames et non la poitrine, car d'après ce que nous venons de dire, parmi les Egyptiennes de la classe populaire, on voit flotter au milieu de l'ignoble tunique, ce que toutes les femmes, par modestie, cachent soigneusement. La cérémonie du mariage est aussi très-curieuse. La fiancée paraît en domino, ou enveloppée de la tête aux pieds d'un drap de soie verte ou d'autre étoffe, qui, par le moyen d'une gaine, leur serre le cou, de manière que le visage reste tout-à-fait couvert, à l'exception des deux petits trous faits exprès pour voir la lumière. Le front de l'épouse est entouré de pierreries façonnées qui forment une couronne, symbôle de la virginité; les doigts sont garnis de bagues fausses, mais ce qui concerne les ongles des mains et la plante des pieds est original! Les extrémités sont toujours imbibées d'une couleur violette, leurs bas de la même couleur sont brodés à l'aiguille. Les poignets sont garnis de bracelets d'argent. et de plomb pour les pauvres ou de laiton. La fiancée s'en va au bain tellement transformée qu'elle ressemble à une chauve-souris, accompagnée par d'autres femmes, elle traverse les rues au milieu de ce cortége, sous un baldaquin soutenu par quatre Arabes, et suivie par d'autres femmes, par le peuple et par une tintamarre de tambours, de fifres et d'autres méchants instruments qui écorchent le tympan de quiconque se trouve sur leur passage. On ne peut rien dire des cérémonies religieuses, car leurs mosquées sont impénétrables, aussi bien que leurs mystères à l'époque de leurs réunions et de leurs droleries. Parmi les cérémonies religieuses, il y a encore celle de la Circoncision. Un beau jour je rencontrai à Constantinople un crieur public qui repoussait la foule; en me retournant, je découvris plusieurs chevaux richement harnachés sur lesquels étaient des enfants de sept à huit ans en grand costume ottoman; je demandai ce que cela signifiait, et l'on me répondit : ils vont se faire circoncire. En Egypte cette cérémonie, indépendamment du cortége dont il est question, est précédée d'une châsse qui renferme les instruments nécessaires pour l'exécution du sacrifice, mais il faut croire que ce reliquaire renferme bien des choses allégoriques, car il m'a paru bien grand et rempli d'instruments de différentes formes et de différentes dimensions.

Nous nous plaisons à dire quelques paroles à l'endroit des chameaux. Tout le monde sait que l'Afrique en est remplie. Nous en avons rencontré à Alger, à Tunis et en Égypte, mais ceux des côtes maritimes sont trop maigres et cela repousse la curiosité des observateurs; dans cette ville, au contraire, les chameaux sont gras, ce qui fait qu'ils inspirent de l'intérêt. L'intelligence et la force de cet animal sont remarquables. Un mot de leur conducteur suffit pour qu'ils s'asseyent de manière que leurs jambes semblent figurer une arbalète, et, dans cette position, ils se laisse charger à volonté. Un chameau supporte le poids que trois mulets pourraient transporter. Parmi les avantages qu'il offre à l'homme, il y a celui qu'en traversant les déserts il résiste à la soif pendant sept jours, ayant, dit-on, dans le gosier des vases pour conserver l'eau et s'en servir au besoin. Prodigue et sage nature que n'as-tu pas prévu pour le bien-être du genre humain. Tout est calculé, tout forme une branche de cet ordre immuable que nous admirons sans le comprendre, vu que notre entendement est trop faible ou trop borné pour pouvoir découvrir les impénétrables secrets du Créateur. Grand Dieu, ta toute puissance, tes desseins, tes œuvres en disent assez aux mortels pour qu'ils soient bons, charitables et amis entr'eux! Malheureusement sur la terre il arrive tout le contraire, car l'homme dominé par ses passions est souvent l'animal le plus farouche.

« Point de paix ici-bas, point de repos au monde :
« Les corps sont les vassaux, le mouvement est roi!
« Et l'inconstance qu'il féconde
« En est le principe et la loi. »

On trouve encore en Afrique les dromadaires qui ressemblent en quelque sorte aux chameaux. Mais au lieu de marcher lentement, ils sont très-légers à la course, ce qui ne fatigue pas le cavalier qui les monte.

Je ne parlerai pas des crocodiles, car nous en avons aussi en Europe; cependant on sait que ceux du Nil sont très-nombreux, principalement dans la haute Egypte, et comme leur horrible forme est connue, je me bornerai à rapporter ce que j'en ai ouï dire. On prétend que ces monstres, dès qu'ils voient un individu l'arrêtent en pleurant et cherchent en même temps à l'attirer par leurs gémissements, puis le renversent avec leur queue, et le malheureux devient ainsi victime de leur voracité. Le crocodile, dit-on, n'attaque jamais deux hommes à la fois; il s'en suit donc que l'amphibie est un excellent calculateur.

La marche adoptée par Méhémet-Ali dans l'administration de ses états est dictée par sa fine politique; voilà pourquoi il y a peu d'exemples de sang répandu et d'actes atroces commis dans son royaume, à l'exception de celui des Mamelucks, qu'à l'époque de son avènement il eut soin de réunir dans la citadelle pour les faire mitrailler. Qu'on nous permette une digression à ce sujet. Les Barbares qui ont été les contemporains de Napoléon, tels que Mahmoud, le dernier sultan, et Méhémet-Ali, ont su trouver le moyen de s'affranchir du joug qui, depuis long-temps, les opprimait : le premier en se délivrant de la fatale influence des janissaires, et le second de celle des Mamelucks; avec cette différence que Mahmoud, quoique turc, a été très-humain, très-généreux envers ces peuples, et franc et charitable envers les Européens qui habitent l'empire ottoman; mais le pacha d'Egypte a tiré parti de son émancipation seulement pour s'enrichir. Il a négligé les indigents et les Francs en raison de cette apathie qui est si nuisible à l'humanité quand on veut obtenir de bons résultats.

On a beaucoup déclamé sur la fierté

qu'Ibrahim-Pacha a montrée dans la dernière guerre. Nous ne pouvons rien dire sur la conduite qu'il tint lorsqu'il se rendit à la Mecque par ordre du sultan. Cependant le résultat fut favorable à la Porte, mais Dieu sait à quel prix. A présent, il faut distinguer, et si l'on devait le juger sur les apparences qui ne sont pas en sa faveur, il ne serait pas facile de deviner le reste. On prétend qu'à Damas, à Alep et dans bien d'autres villes de la Syrie, il assistait quelquefois aux repas des notabilités indigènes, et, après le dîner, sous un prétexte quelconque, faisait trancher la tête à celui des convives qu'il soupçonnait n'être pas de bonne foi. On dit encore qu'il est tourmenté continuellement par l'envie et par la jalousie. Je ne saurais garantir la véracité de ces bruits, car pourrait-on justifier la cruauté qu'il a poussée jusqu'au point de faire écarteler les femmes enceintes et jeter aux chiens leurs membres ainsi que le fœtus que ces malheureuses portaient dans leur sein; si ce fait est vrai, comment l'absoudre ! Les Arabes en ont peur et le craignent comme les mortels redoutent la foudre de Jupiter. On dit encore qu'il ne succédera pas à Méhémet-Ali, attendu que la Porte ne l'aime guère. Après toutes ces données, son royaume ne pourrait qu'être inondé de sang ! Ibrahim-Pacha n'est point du tout tolérant envers les Francs, auxquels il doit cependant sa richesse et son élévation. Qui sait dans quelle position pourraient se trouver les Européens, si, après la mort de son père, il réussissait à s'emparer des rênes du gouvernement.

Ibrahim-Pacha est immensément riche ; il a su s'emparer de ce qu'il voulait et il possède une grande portion de l'Egypte. Sa maison de campagne, située dans le voisinage du Caire, est très-intéressante et bâtie presqu'à la moderne ; tous les pavés sont en marbre blanc, et chaque carreau est de deux pieds carrés, les parois intérieures sont également, ainsi que les escaliers, en marbre massif. Tout est en relation, tout est proportionné aux exigences d'un tel propriétaire. J'ai visité sa maison pendant son absence, et je dois faire observer qu'elle était mal tenue au-dedans et au-dehors. Chose étrange! car les Turcs poussent la propreté intérieure jusqu'au fanatisme. On ne respire dans leurs demeures que des parfums et des odeurs qui deviennent insupportables aux Européens. Des allées précèdent ce château, elles sont assez larges et garnies d'arbres régulièrement plantés; chaque point de vue vous annonce la résidence d'un grand pacha. Les allées et le palais qui est situé sur les bords du Nil ne fixent plus l'attention quand on se rend dans le jardin situé sur la rivière. Tout le monde disait que c'était une chose surprenante et cela me faisait rire. Mais après, je dus me persuader qu'on pouvait visiter avec bien du plaisir un pareil jardin. Des murailles très-hautes s'élèvent sur l'eau, les fondements ayant été jetés dans le Nil. Ces murs forment une île qui a été bâtie spécialement pour contenir l'emplacement du jardin, où, sans exagérer, est réuni tout ce qu'on peut souhaiter de beau, et qui soit à même de satisfaire la curiosité d'un homme intelligent et par conséquent capable d'apprécier les beautés artificielles réunies sur ce point. Viviers, jardins anglais, potagers, labyrinthes formés par des arbres de différentes espèces, mille et mille nouveautés vous étonnent et vous amusent. Du côté opposé, dans un coin du même jardin, l'on découvre un bâtiment tout incrusté de marbre blanc qui a la forme d'un temple. Les grottes et les couchettes qu'on voit dans l'intérieur de l'édifice sont aussi embellies par des coquillages de plusieurs dimensions, de différentes couleurs assortis avec beaucoup d'élégance. De petites collines artificielles, des ponts dressés sur l'eau et bien d'autres objets de caprice qu'il serait long de détailler vous arrêtent et vous occupent sans relâche; mais ce qui est surprenant, c'est de voir un jardin artificiel fondé sur la rivière. A Rome, à Naples et dans bien d'autres villes d'Europe, il y a des délices de cette nature qui arrêtent le voyageur; mais elles ne sont pas suspendues sur l'eau. J'avoue qu'en me promenant, je découvris au bout l'autre muraille et j'en fus émerveillé; car tout cela a été organisé dans la position où la rivière s'élargit beaucoup. Dans mes voyages en Hollande, à chaque pas j'ai eu occasion d'observer ce que l'art a su faire sur ces terres marécageuses, c'est-à-dire que les villes, les canaux et tout ce qui est saillant dans ce pays-là a éte fondé et édifié sur les lagunes comme dans la singulière et belle Venise, avec la seule différence que les eaux de la Hollande sont putrides et stationnaires, et que celles du Nil, par leur rapidité, paraissent repousser le corps qui s'oppose à leur mouvement continuel.

J'aurais tort de ne pas citer une circonstance concernant la politesse d'un Egyptien qui me fut désigné pour cicerone et guide; ce jeune homme m'adressait souvent la parole, il voyait que je ne le comprenais pas et en riait; mais dans les passages difficiles, il me donnait la main en me soutenant avec beaucoup de bonne grâce. Je me rappelle avec plaisir cette heureuse rencontre. Il en résulte, ce me semble, que les Egyptiens, non Bédoins, sont propres à la civilisation; je l'ai dit et je le répète, c'est un peuple assez perspicace, généreux et brave et on pourrait en tirer un grand parti. Ce n'est pas la même chose chez les Turcs; ceux de l'empire sont tant soit peu stupides, et pour le moment incapables de toute sorte de progrès. Pour ces hommes, la grandeur consiste à vivre dans la mollesse; accroupis au milieu des odeurs et en fumant la nuit et le jour, ce qui les rend lourds et paresseux.

La confusion, le désordre que l'on rencontre dans les rues du Caire est tout-à-fait insupportable; les hommes, les chevaux, les chameaux, les ânes, les mulets, les chariots et les chiens rendent impraticables les sentiers du centre de cette ville et à chaque moment on risque de tomber. Les Egyptiens à cheval, pour peu qu'ils soient distraits, vous jettent par terre. Si l'on marche à pied il faut aller sur le qui vive, regardant de tous les côtés, afin de se garantir des coups et autres accidents de ce genre.

Le Climat du Caire est très-chaud en été, on est forcé de combattre la gravité spécifique de l'atmosphère, les insectes et une grande poussière. Pendant l'hiver la température, quoique douce, est tellement variable que d'un instant à l'autre on est sujet à gagner des points et les fièvres. La raison en est simple, dans ces jours de printemps il se lève tout-à-coup un vent humide et froid qui vous pénètre la moëlle des os, or ce passage subit du beau temps au vent en question vous abat et vous rend malade. Je citerai à cet égard deux exemples qui se sont vérifiés chez moi; le premier fut celui de m'être rendu pour mon agrément dans un jardin quelques jours après mon arrivée au Caire, le ciel était serein et j'y restai jusqu'au soir. Sitôt rentré à l'hôtel, me voilà attaqué par les fièvres, par un grand mal de tête et par l'ophtalmie qui dura une semaine. La précaution d'être sorti à cheval ne me fut d'aucun profit. Le second cas fut pour moi un coup de foudre. Le matin du 12 octobre 1841, à huit heures, j'allais dehors ponr me rendre dans la ville chez une personne de distinction. C'était un jour que soufflait ce petit vent subtil et froid, je m'en aperçus et j'accélérai le pas, je fis ma visite en tremblant, de manière que la personne qui m'avait très-bien reçu me pria de rentrer le plus tôt possible à la maison. J'eus bien de la peine à m'en acquitter, car la tête me pesait tellement que je marchais comme un fou. Je fus attaqué par le froid, par la paralysie, et par un mal de tête insupportable qui ne me quitta pas avant quatre jours. Je crois que c'est bien assez pour prouver que ce ne sont pas des pays habitables par un européen. Cependant l'Egypte en est plaine; cela n'est pas surprenant, car ceux qui ont besoin de pain, ne font pas attention à tant de minuties invraisemblables au premier abord. Voilà le motif pour lequel on y va au hasard dans l'espoir de se sauver de la misère, et dès qu'on est arrivé sur les vieilles terres de Sésostris, l'amour du profit fait mépriser les périls qui se présentent, et la fin de tout cela c'est la mort de la plupart de ces personnes qui bientôt sont atteintes les unes par les fièvres, les autres par l'ophtalmie, quelques-unes par la dyssenterie et la plus grande partie par la peste. Avis au lecteur...

Pour que la vérité puisse triompher, il est essentiel de savoir quelle est la marche adoptée par le pacha d'Egypte envers les Européens employés à son service dès qu'ils sollicitent sa protection. En spéculateur consommé il leur donne des appointements assez raisonnables, mais le mal consiste en ce qu'on ne les paye pas tous les mois, car tous les fonctionnaires publics et même les militaires sont créanciers toujours de 18 à

20 mois de solde, et quand le moment du paiement arrive on donne des fractions sur le total, ce qui fait que les employés se trouvent toujours dans la même position. Le soldat en Egypte vit en mendiant son pain. Le pacha connaît fort bien les besoins de ceux qui sont attachés à son service, et en attendant il en abuse, ou il donne trop de latitude à ses subordonnés dans l'administration, pour qu'il arrive de pareils scandales. Ce sont des faits inattaquables que nous citons et non pas des contes. On sait que dans la dernière guerre que Méhémet-Ali eut avec la Porte, alors qu'il se proposait de remplacer le sultan, il fut arrêté dans ses projets par ordre des puissances alliées et contraint de se retirer en se soumettant au Grand-Turc, il obtint seulement de rester en Egypte avec le seul titre de pacha et l'hérédité pour ses enfants qui seront dépendants de la Porte, comme sujets du Grand-Seigneur.

Dans cette occasion il fut donné un firman qui établissait d'une manière positive le détail de l'administration intérieure de son gouvernement, le tribut à payer à la Porte et bien d'autres actes concernant le soulagement qu'on devait apporter aux Egyptiens et à tous les habitants de ces contrées. L'ordonnance qui contenait, dit-on, une grande réforme sur tous les abus, présentait en même temps une digue insurmontable au monopole qui est la base des affaires en Turquie. Rédigée dans l'intérêt du commerce, elle renfermait tout ce qu'il faut pour améliorer l'état des choses dans ce malheureux pays. Il est notoire que ce firman est l'œuvre d'hommes habiles qui connaissaient parfaitement la position des Arabes, et il paraît qu'ils ont fait de leur mieux pour leur être utile. Eh bien, un concordat sanctionné par l'intervention des premières puissances de l'Europe est resté sans effet.

Méhémet-Ali, qui craint la funeste influence d'Ibrahim-Pacha, a caché aux peuples de l'Egypte les favorables dispositions des cabinets, et cela sous de beaux prétextes. A présent, dit-on, il n'est pas disposé à mettre à exécution ce qui a été arrêté avec tant de sagesse. Le Pacha est si adroit que dès qu'il apprend l'arrivée d'un ambassadeur dans ses états, ou quelques faits qui ne lui conviennent pas, il se met en voyage, et en agissant de la sorte, il semble remettre l'exécution des traités à celui qui va lui succéder après sa mort. Il connaît la mésintelligence des hautes puissances et s'arrange pour tirer parti de celui qui agit dans son intérêt, il saisit ainsi toutes les occasions favorables pour se tenir debout et profiter toujours du *statu quo* qui le met à l'abri de toute attaque, circonstance qui détruit le commerce, rend de plus en plus malheureux les peuples et apporte un grand dommage aux spéculations des Européens domiciliés en Egypte.

Le voyage de la citadelle m'offrit de nouvelles découvertes. Cette place, qui est très-forte par sa position géographique, domine la ville. Il est vraiment beau de voir ce grand panorama qui l'environne, c'est-à-dire le Caire et toutes les campagnes des alentours. De là on découvre si bien les pyramides qu'on semble les toucher. La partie intérieure de la forteresse est vaste, car elle renferme plusieurs établissements, ainsi que le local où d'habitude se réunit le divan. Ces deux bâtiments magnifiques (le premier est à Méhémet-Ali et le second à Saïd-Pacha, le troisième fils du vice-roi) s'élèvent orgueilleusement au milieu des autres édifices. Saïd-Pacha, qui fut bien reçu à Constantinople, a été comblé d'honneurs, et il paraît que la Porte le destine au trône, le jugeant fils légitime d'après l'Alcoran, et en raison de la haine du cabinet turc contre Ibrahim-Pacha et contre son frère Abas-Pacha. La demeure de Saïd-Pacha est tout-à-fait moderne, d'une construction élégante, et incrustée au dedans et au dehors d'un marbre blanc comme la neige. Cette résidence pourrait recevoir le plus grand prince de l'Europe. Saïd-Pacha parle français, par conséquent il n'a pas besoin d'interprête comme son père qui affecte de ne connaître d'autre idiôme que le turc, bien que les Albanais parlent généralement l'italien. C'est dommage qu'un embonpoint extraordinaire afflige dans le printemps de l'âge Saïd-Pacha; son teint est blanc, ses manières sont agréables; il est très-affable et accessible à toute heure.

Le Caire présente à la vue un chaos interminable; plus on marche, plus on découvre de bâtiments. Le quartier qui vous conduit à la citadelle est très-peuplé; cela est insupportable à cause de l'embarras qu'occasionnent les chameaux chargés, les mulets, les ânes et les piétons qui sont souvent arrêtés par le passage des troupes de la garnison; alors il y a un tapage diabolique, et il est impossible de pénétrer, soit à pied, soit à cheval, au milieu de ce tintamarre. Je n'oublierai jamais qu'une soirée, ayant perdu la voix à force de crier, je dus me servir d'un bâton de dattier en donnant des coups à droite et à gauche avec acharnement pour pouvoir me frayer un chemin. On ne voit nulle part une aussi grande foule; ailleurs non plus, un étranger ne se permettrait pas de frapper le premier venu, car on ne pourrait le souffrir. La confusion, le bruit et le manque d'éclairage sont les raisons pour lesquelles on ne fait attention à rien, c'est la conséquence inévitable de la singulière construction de cette ville.

Une grande mosquée se construit sur la place du château. Le monument une fois achevé sera digne d'attention. Sa base présente deux très-grands carrés l'un à côté de l'autre, ayant une communication directe entr'eux. Les belles colonnes qui l'embellissent en ordre double sont d'albâtre oriental d'une qualité rare, et enrichies de veines transparentes. Des Italiens, des Grecs et d'autres artistes travaillent tous les jours aux frais du Pacha. Il y a dix ans qu'on a commencé cet édifice, et il avance si lentement qu'on ne voit maintenant que la partie extérieure des murs et les lambris intérieurs des deux côtés ne sont pas tout-à-fait achevés. On dit que Méhémet-Ali a résolu de s'y faire enterrer, et à cet égard il ne veut pas terminer la mosquée colossale pour engager son successeur à accomplir une si belle œuvre. Pensée éminemment financière sous le rapport de la succession. Le projet est vaste et digne d'un être fortuné qui a défié jusqu'à présent la politique, les hommes et les éléments.

Nous invitons les personnes intelligentes à se rendre en Egypte; et nous les prions de vouloir bien réfuter tout ce que nous venons d'affirmer avec conscience et dans l'intérêt social, mais ce n'est malheureusement que la vérité. Il est incontestable que le monument dont nous venons de parler rendra éternel plus que toute autre chose, le souvenir de ce pacha qui sans doute fera beaucoup parler du luxe asiatique, adopté par le décédé, mais certes les Egyptiens et les Européens n'auront pas à se réjouir de sa clémence, et bien moins de sa philantropie. Quelle comparaison il y a entre ce que nous venons de citer par rapport à un pareil tombeau et la fontaine qui se trouve sur la grande place d'Alexandrie; nous le laissons décider au lecteur. C'est vraiment honteux de la part des Francs.

Indépendamment de tout ce que nous avons dit en parlant du Caire, il faut ajouter qu'il contient dans son enceinte des demeures magnifiques qu'on ne devinerait pas, car tout est rustique dans l'extérieur des maisons. Les portes d'entrée n'ont rien de beau, et quand on croit visiter une écurie, à quelques pas de distance, on se trouve au milieu d'assez grandes cours qui précèdent de magnifiques palais. D'après cela il est évident que les Turcs, soit par politique, soit par habitude, se cachent aux étrangers, de telle manière que leurs esclaves mêmes ne sont pas au fait de ce qui se passe dans leurs domiciles.

Dans la partie de la ville appelée le vieux Caire est la position la plus belle et la plus riante qui se présente dans les alentours. Voilà pourquoi tout ce qu'il y a de distingué parmi les Musulmans est casé du côté de ces bords agréables. Leurs demeures ressemblent à des citadelles construites tout près du Nil, y compris les jardins, et chaque maison a le sien.

En face de la résidence de Soliman-Pacha, ancien officier de l'empire, et à présent chef de l'état-major général de l'armée égyptienne, se voit une assez belle ville appelée Giseh, placée sur la rive droite du fleuve qui traverse le vieux Caire. Cette ville renferme les casernes de la cavalerie du pacha, commandée par un autre colonel français sous les ordres de Soliman-Pacha (c'est un homme distingué et ami des Francs, bien qu'on prétende qu'il ait renié la foi). Pour aller à Giseh il faut parcourir le Nil, qui dans ce point s'élargit beaucoup, étant intercepté par un banc de sable au milieu. La rivière, par conséquent, présente de ce côté-là une grande sinuosité qui oblige les navigateurs à revenir sur leurs pas pour continuer leur route.

Les aqueducs ou les ponts qui partent du vieux Caire et s'étendent jusqu'au plan supérieur de la citadelle, sont fort beaux. Ces arcades en ordre double et gothique sont praticables au-dessus. La largeur, la longueur et la symétrie de ce monument arrêtent et surprennent le voyageur, mais je n'aurais pas cru que cette construction eût été d'ancienne date; car on m'assura que ce dessin grandiose avait été exécuté avant l'arrivée de J.-C., et cela est croyable puisque l'histoire nous apprend que les anciens Egyptiens habitaient les citadelles, et en général les lieux élevés pour vivre à l'abri des incursions des barbares leurs voisins.

Le territoire des environs du grand Caire est fertile et riant à la fois; de distance en distance on rencontre les demeures des pachas et des beys, avec leurs jardins qui produisent en abondance des oranges douces, des citrons d'Italie et toutes sortes de fleurs; il y a aussi des petits labyrinthes. En général on y trouve tout ce qu'un peuple peut souhaiter dans le genre champêtre. Il suffit de sortir de la ville pour voir ce bel horizon de la banlieue, qui dans sa rusticité est très-intéressant. C'est dommage que la poussière n'accorde pas de trève aux voyageurs, car l'hiver se fait sentir dans ce pays-là précisément les jours où les hommes sont affligés par le brouillard et par ce petit vent froid dont nous avons parlé plus haut. Pour ce qui concerne la poussière, l'été est permanent.

Le grand jardin de Méhémet-Ali est appelé Sciubra. Sciubra est un délice qui doit être considéré comme une résidence royale. L'allée ou la belle route qui conduit à ce grand jardin a la longueur d'une lieue en ligne droite, et elle est garnie de grands acacias et de figuiers sauvages, leurs fruits ne sont point du tout à comparer avec ceux de l'Europe, car les hommes n'en mangent pas. Les branches de ces grands arbres s'élèvent, se répandent et se réunissent de manière qu'ils forment dans la cîme une grande voûte champêtre, et pour cela ceux qui y passent se trouvent tout-à-fait à l'abri des rayons du soleil. Cette magnifique promenade est un préliminaire raisonné des beautés et des artifices qui tour-à-tour brillent dans ce vaste séjour.

Nous dirons quelques mots d'un éléphant que l'on aperçoit dans une large cour découverte, qui est à quelques pas de distance de la porte d'entrée de la *Villa*. Cet animal est attaché à un arbre par une grosse et longue chaîne en fer. La curiosité m'engagea de le voir. D'abord je commencerai par donner une idée de la douceur et des qualités de cet animal, puisque tout le monde sait ce que c'est qu'un éléphant. L'arabe gardien nous fit des courbettes à la musulmane, et sans chercher d'autres cérémonies il grimpa sur les longues défenses qui étaient garnies d'anneaux de métal doré, et ensuite il monta à cheval sur le cou de l'énorme bête. Soudain il commença à jouer avec elle, il jeta par terre ses pantoufles en l'invitant à les reprendre; ce que le quadrupède exécuta avec sa trompe en donnant l'une après l'autre les pantoufles au cornac : ensuite il lui fut imposé de saluer les spectateurs, voilà que l'animal en ouvrant sa bouche remua la tête et frappa le sol avec ses pieds de devant. L'Egyptien le piquait par le moyen d'un fer et lui parlait à sa manière. Ce fut alors que l'éléphant frappa l'air de sa trompe et cria si fort que les campagnes voisines en retentirent. Cette expérience ne put qu'indisposer les observateurs, mais par bonheur l'animal reçut immédiatement l'ordre de se coucher par terre, ce qui fut bientôt exécuté, en même temps que le courageux arabe, sans quitter sa première position, c'est-à-dire celle de se tenir toujours à cheval invitait le monde à s'approcher. C'était vraiment quelque chose d'extraordinaire que de voir cette bête, couchée de son long, qui ne se remuait pas. Le dernier essai m'ôta la respiration et je crus rêver. Instruire un animal aussi lourd et aussi gros c'est mettre à une rude épreuve le talent et l'intelligence de ce quadrupède qui a les jambes droites comme des colonnes. Je laisse donc considérer au lecteur la peine que l'arabe a dû éprouver pour dresser un pareil élève en surmontant avec son adresse les imperfections d'un corps monstre. Je donnai le *bahscis* à l'arabe, *bahscis* que chaque égyptien demande par besoin et par habitude aux étrangers, et je partis pour le jardin.

Arrivé à la porte d'entrée, je découvris un beau prisme de marbre blanc avec ses escaliers, et j'appris qu'il était placé là pour faire monter à cheval le Pacha et tous les gens de sa cour. La surface de la porte du jardin est tapissée de lierre et d'autres plantes de manière que la couleur de cette belle verdure, tout en inspirant de la mélancolie, vous invite à parcourir cette *villa* symétrique et assez bien entendue. Je traversai la première allée qui était couverte et entrelacée par différentes fleurs, et au milieu je découvris un édifice appelé Divan chez les Turcs. Ce bâtiment est d'une belle apparence, au rez-de-chaussée on voit des terrasses spacieuses, dans lesquelles sont renfermés les oiseaux les plus rares du monde. De là on parcourt encore l'allée du centre et puis l'on monte un long et bel escalier où l'on trouve un coffee-house contenant plusieurs chambres élégamment peintes et garnies au dedans de sophas magnifiques et de meubles analogues. En descendant par l'escalier opposé on met le pied dans une autre allée assez longue qui laisse apercevoir à l'extrémité la *peschiera grande.* Cette édifice est majestueux, et l'on y monte par un bel et large escalier de marbre blanc. Dans le vestibule supérieur se trouvent quatre colonnes d'albâtre oriental, et l'entrée ressemble à celle d'un temple. Lorsqu'on est à la porte, l'on passe sur une grande terrasse couverte qui ressemble à un amphithéâtre carré, et du côté du jardin on aperçoit de très-grandes fenêtres garnies de cristaux, et pour leur soutien extérieur des grillages en fer richement construits et assurés par de petites pommes dorées qui produisent de loin un très-bel effet. Dans l'intérieur de ce vaste local existe une forêt de colonnes de marbre blanc toutes placées de deux à deux qui, en s'éclipsant entre elles, vous présentent l'idée d'un riche et brillant cloître. Aux extrémités de cette grande terrasse il y a des demeures très-spacieuses où l'on peut installer à l'occasion des harems et tout ce qui forme l'apanage des cours orientales. On voit aussi attaché au mur de cet emplacement une large dent qui couvre les colonnes du premier étage, et sur cette table de marbre sont sculptés en relief tous les poissons connus, et mille et mille autres caprices allégoriques. Dans les coins intérieurs de cette *peschiera* il y a quatre lions de marbre assis sur leurs pieds de derrière qui jettent de grandes masses d'eau. On découvre encore sur le plan supérieur de cette large dent de petites têtes en marbre qui présentent différents masques, lesquels par le moyen de leurs robinets jettent de l'eau qui jaillit en se réunissant à tous les autres petits tuyaux et vous donnent une pluie générale. Ces eaux tombent sur la surface de la base du premier étage qui est pavé en marbre blanc. Dans les coins du cloître inférieur il y a des réservoirs qui recueillent le produit du jaillissement de cette eau et le jettent dans le bassin que l'on voit au milieu de la cour. Ce grand réservoir forme un piédestal sur lequel il y en a d'autres qui petit à petit en diminuant s'élèvent et sont arrangés de manière qu'ils forment une espèce de pyramide. Combien de caprices et d'arabesques en marbre environnent le réservoir dont nous venons de parler. On ne saurait le dire. Il faut convenir que ce local est grandiose, d'autant plus qu'à cause de sa bizarre construction, il est unique dans son genre. Comme tout le monde comprend, il ne s'agit pas seulement de ce qu'on appelle *peschiera* en italien, mais de plusieurs longs et larges corridors qui composent les deux étages contenant des' demeures magnifiques et tout ce qu'on peut souhaiter dans un château royal. Voilà le cas dans lequel les conseillers du Pacha ont su faire employer à propos les beaux marbres dont l'Égypte abonde. La partie champêtre de ce grand jardin est aussi intéressante et variée. Les allées se croisent entre elles, ayant toutes une relation symétrique et bien entendue; de temps en temps on voit des berceaux de verdute qui représentent des chambres, des divans, des grottes et des collines artificielles. Des coffee-house à la chinoise, en bois cannelé et peint supérieurement, s'élèvent sur divers points. En résumé, tout, en formant harmonie, charme la vue et vous amuse continuellement.

Or donc, si la *villa* d'Ibrahim-Pacha a son mérite pour avoir été construite dans le centre du Nil et par son originalité, celle de son père n'a rien à céder à la sienne en fait de magnificence et de richesse; d'autant plus que malgré les gros murs qui soutiennent la première, lesquels présentent une largeur de six pieds carrés au dehors de l'eau, le Nil souvent couvre et inonde le jardin, et par conséquent tout ce qu'il y a d'artificiel est détruit, pour être arrangé et ravivé à l'époque de la décroissance des eaux. Il est facile à concevoir que les frais de l'entretien de ce jardin sont énormes et supportables seulement par la bourse d'Ibrahim-Pacha.

Je revins à la citadelle. On me conduisit dans la ménagerie des bêtes féroces, c'est-à-dire dans une redoute de vieilles maisons où sont enfermés six lions enchaînés qui se promènent sans relâche dans le petit emplacement à eux destiné, en secouant leurs fers et jetant de leurs yeux le feu et la rage, comme s'ils disaient à l'homme, à quoi avez-vous réduit le roi des animaux. Plusieurs léopards forment le cortège de ces bêtes féroces. Il paraîtrait qu'elles ont été réunies dans cette enceinte à la place des sentinelles avancées de la garnison. Certes, ce n'est pas sans raison qu'on les a enfermées dans cet endroit, d'autant plus qu'à quelques pas de la première porte du château, il n'y a point de corps-de-garde. En cas de guerre ou d'insurrection, si l'on mettait en liberté ces farouches hôtes, il est facile de juger qu'il en coûterait bien du sang avant qu'on pût les tuer.

Les Egyptiens ont une parcimonie particulière en tout ce qui concerne leur vie domestique; ils se nourrissent de peu et s'habillent, comme nous venons de le dire, à l'instar des anciens philosophes; mais cela n'empêche pas que les plus pauvres prennent très-souvent une petite tasse de café sans sucre, et par conséquent très-amer, ce qui donnerait à un Européen des convulsions et des attaques nerveuses. Chez les Arabes, l'habitude contractée dès leur enfance a surmonté ces mouvements qui causeraient à un Franc des maux de tête et des coliques. Voilà comment on explique que l'homme s'habitue petit à petit, même au poison, et finit par le braver.

Industrieux et perspicace, l'Egyptien exécute des travaux avec les feuilles et les branches du dattier, et avec d'autres éléments que lui offre le territoire. Il vend ces petits meubles à un prix assez modique, et s'y prenant de la sorte, le malheureux supporte patiemment le poids de la verge dont l'accablent Messieurs les interprêtes du pacha, qui, quelque dur qu'il soit, ne doit pas être au fait de tous les détails dont nous avons parlé jusqu'à présent et les sanctionner. Nous pardonnerons tout cela en raison de son âge et dans l'espoir que son jeune fils saura développer cette énergie qui manque absolument à l'ensemble des affaires d'Egypte.

Dans tout le Levant, les changes de monnaies ou *seraffi* sont très-riches. Nous avons déjà dit qu'à Constantinople les Arméniens et les Grecs s'occupent généralement de ce commerce scandaleux. La friponnerie de ces gens aurait besoin d'un frein et le gouvernement turc devrait promulguer des lois sévères contre les rogneurs de monnaies; car c'est pitoyable de se voir dévaliser à chaque pas par une bande de voleurs qui baptisent les monnaies rognées et celles qui sont passées par l'eau forte à volonté. Il ne s'agit pas que les cas soient rares; à toute heure, à tout moment, précisément dans l'Egypte, on a des raisons assez fortes pour changer une pièce. C'est si vrai que les marchands qui ont été si souvent attrapés par cet indigne monopole ne veulent pas les accepter, quand même on achète chez eux des objets pour la moitié de la valeur de l'argent qu'on leur offre. Dans le Caire, où la famille de Jacob est très-nombreuse, il y a de quoi devenir fou quand il faut changer une pièce, soit d'or ou d'argent, de juste poids. D'ailleurs, nous n'avons jamais vu autant de monnaies rognées qu'en Egypte, et ce qui étonnera le lecteur, elles étaient de toutes les dimensions. Ce commerce se fait rarement chez les Turcs, car le premier individu qui reçoit de l'autre une pièce rognée ou qui manque de poids, va tout de suite le dénoncer au gouverneur, et sitôt qu'on a reconnu l'affaire, celui-ci reçoit des coups de bâton bien comptés et bien appliqués sur la plante des pieds. Il résulte de tout cela que la piraterie en question se réalise seulement parmi les Européens, dont le plus grand nombre est israélite.

MM. les consuls, aidés par le gouvernement, devraient empêcher ce grand abus pour lequel nous sommes d'avis que si l'on donnait un exemple, cela ouvrirait les yeux à tous ces vampires qui sont au guet pour écorcher leur prochain. Nous sommes persuadés qu'il est presque impossible de détruire tout-à-fait ce qui forme la source de la richesse parmi ces brigands; mais du moins on aurait une trêve. D'ailleurs, comment s'y prendre dans un pays où il n'y a pas de système ni de loi pour les Francs, parce que leur discipline est confiée au bon plaisir des représentants des différentes nations, lesquels ne peuvent agir que d'après leur impulsion morale et jamais par la force matérielle. A cet égard, nous sommes forcés de citer encore une fois Méhémet-Ali dans l'affaire des *Seraffi*.

Il est à observer que l'abus dont nous venons de parler est assez grand en Egypte, et même les méchants prétendent qu'il y a une espèce de conventiou tacite entre les usuriers et le pacha. Nous sommes bien loin de le croire; mais il faut noter que pendant notre résidence au Caire, il parut un édit sur le rabais des monnaies étrangères, et, ce qui surprit tout le monde, ce fût qu'on ne fixa pas leur valeur, mais l'on en défendit le cours pendant plusieurs semaines.

Ce fut alors que les *Seraffi* devinrent formidables, et ils paraissaient vous faire la charité quand ils vous changeaient une monnaie d'or ou d'argent. Ce qui est étonnant! La loi fut telle que pas même les pièces d'or du sultan, de juste poids, n'avaient de valeur! enfin, après beaucoup de bruit, on trouva le moyen de changer les pièces turques de 20 piastres pour 17 piastres et demi, et la même marche fut adoptée pour les monnaies étrangères. De pareilles extorsions sont épouvantables; pourtant en Egypte tout est permis, et peut-être, nous le croyons, par effet de trop de tolérance.

A côté d'une des portes supérieures de la citadelle, on trouve une petite porte cassée qui donne entrée au puits de Joseph-le-Juste. Un beau jour, j'allai le voir et j'en fus content; car les puits de cette dimension ne se voient pas aujourd'hui. L'intérieur vous arrête, car ce puits a plutôt l'air d'une catacombe, se trouvant tout-à-fait abandonné à la discrétion d'un *boab* arabe, ou d'un gardien qui, tranquillement, tire parti des étrangers qui y vont. Les rampes qui conduisent le visiteur jusqu'au fond du bassin sont construites commodément et largement; de sorte que si ces beaux escaliers n'étaient pas aussi mal conservés, les dames pourraient y descendre pour satisfaire leur curiosité, et l'on pourrait sonder la profondeur des eaux. Mais la poussière, les ordures et tout ce qu'il y a de plus sale dans le monde repousse le passager. Quant à moi, je n'ai pas voulu quitter ces lieux sans me former une idée exacte de ce grand amas de matériaux. Je descendis dans le premier et dans le second étage, quatrième et cinquième en commençant par la base, et j'y découvris de grandes fenêtres d'un style gothique; chaque étage ayant les mêmes ouvertures, la lumière y est assez grande. La forme de ce puits est carrée, et la largeur de chaque côté est à peu près de cinquante pieds. A mon avis, l'eau que l'on voit dans le fond provient du Nil, car la pluie ne pourrait lui en donner que quelques gouttes. C'est vraiment drôle, il ne pleut presque pas dans ce pays-là, et quand la pluie tombe, elle dure quelques heures; de manière qu'il fait une toute petite pluie pendant une journée, ou il pleut à verse pendant quelques heures; voilà pourquoi la première et la seconde, au lieu de donner du profit, ne fait que produire de la fange dans les rues; ce qui est cause que les chevaux, les chameaux et les ânes tombent à chaque pas, et les hommes, en glissant, risquent de se casser bras et jambes, s'ils ne sont pourvus de bâtons ferrés. Nous pouvons donc conclure qu'à Constantinople il faut se pourvoir de bottes à l'écuyère pour marcher en hiver, et en Afrique de spontons pour se promener quand il pleut.

Méhémet-Ali est toujours en voyage pendant l'hiver, et il parcourt le Nil dans tous les sens, ce qu'il ne peut faire en été, à cause des chaleurs insupportables. Il se promène souvent dans la haute Égypte où les hommes sont très-peu civilisés; il visite personnellement les communes; et les chefs qui les représentent s'empressent de lui procurer le tribut qu'ils ont quêté pour impôt. Malheur à celui qui n'a pas songé à pouvoir satisfaire ses désirs; car même en Égypte, il est des cas où l'on fait tomber les têtes sans procès. Les marchandises du Pacha voyagent en poste sur le Nil et tout le long de ses bords. Indépendamment des villages que l'on fait, on rencontre aussi dans plusieurs échelles les camps de ses troupes avec leurs tentes et les chevaux qui sont destinés à faire le service. J'en ai vu jusqu'à seize traînant une barque qui, malgré son immense chargement, paraissait ne pas toucher l'eau, et pour que le tout aille à son gré, chaque cheval est dirigé et monté par un soldat égyptien.

Napoléon le Grand a fait voyager quelquefois ses armées en poste; il n'est donc pas étonnant que le plus adroit spéculateur du monde ait adopté une pareille mesure pour rendre plus actif le commerce de sa maison.

Des Francs m'ont assuré que Méhémet-Ali, au commencement de son règne, sortait de son palais toujours escorté par trois cents hommes à cheval, et à présent, par la grâce de Dieu et l'influence européenne, il va partout sans obstacle, et quand il est en route il n'a qu'une très-petite suite; mais cela n'empêche pas les indigènes de le surveiller en attendant qu'un nouvel ordre de choses leur offre du soulagement. C'est précisément le motif pour lequel ils sont d'accord avec les Francs, et cette union, qui est avantageuse pour les Européens, donne au Pacha le moyen de faire tout ce qu'il veut. Parmi les Égyptiens, il y en a beaucoup qui estropient, défigurent la langue italienne, ainsi que celle des Turcs à Constantinople, car c'est l'idiôme que les Mahométans ont adopté depuis long-temps pour se faire comprendre, et moi-même j'ai ouï murmurer les Arabes de la classe moyenne contre le système absurde et violent du Pacha.

Ayant cité les bazars et les chameaux de Tunis et d'Alger, je me crois obligé d'en dire quelque chose. De Marseille, je m'embarquai directement pour Alger, et il faut avouer que dans l'hiver la traversée du golfe de Lyon est très-rigoureuse pour les marins et pour les voyageurs. Dans ma première jeunesse, j'ai servi dans l'armée navale, et ancien officier de marine, il est certain que je n'oublierai jamais ce voyage, d'autant plus que j'ai été obligé de le faire sur un bâtiment marchand. Je ne reconnaissais pas cette intrépidité qui est le patrimoine des hommes de mer, c'est-à-dire que ces messieurs, par habitude, deviennent impassibles quand il est question d'affronter la rigueur des éléments; mais dans ce voyage, j'ai dû pâlir en voyant la consternation peinte sur la figure du capitaine et du reste de l'équipage de ce gros brick. L'avilissement de la chiourme qui, poussée et repoussée tant par les vagues de cet orageux élément que par la pluie qui tombait à verse, était d'autant plus visible que les matelots ne l'entendaient guère entr'eux. D'un côté, quelques individus avaient l'air d'exhaler leur dernier soupir, de l'autre, on apercevait les voyageurs tourmentés par les douleurs que leur produisait l'oscillation du navire; sur le pont où j'étais on invoquait le Tout-Puissant.

La tempête dura 30 heures et nous étions sur le point de nous abandonner à sa merci et de gagner l'île de Sardaigne; mais la fermeté du capitaine et l'expérience de ce brave Génois furent tellement grandes qu'il voulut à tout prix attendre le changement du vent. Neptune peu à peu déposa sa rigueur, et ces montagnes d'eau en diminuant firent découvrir au navigateur la côte vers laquelle était dirigée notre proue. Quels furent les dommages que ressentit le navire; il serait trop long d'en donner le détail, ceux qui se sont trouvés dans de pareilles circonstances pourront facilement s'en faire une idée.

Alger présente de loin la forme d'un pain de sucre, et ce qui est surprenant, c'est que cette terre trompe le pilote de manière qu'à chaque bordée on croirait la toucher. Dieu sait ce qu'il en coûte aux navires à voiles pour en approcher, surtout dans l'hiver; l'on n'est tranquille qu'au moment où il est permis de jeter l'ancre. Les vents qui règnent sur cette côte sont très-violents, et il arrive quelquefois que les roues latérales et le gouvernail d'un grand bateau à vapeur reculent au lieu d'avancer. C'est le motif pour lequel, malgré la sûreté qu'un semblable navire peut offrir aux voyageurs indépendamment de sa vitesse, ces mêmes bateaux sont quelquefois submergés par les fractures du mécanisme moteur.

Les pilotes attachés au service du port sont très-habiles et très-prudents : ils s'offrent au premier capitaine qui arrive et on est bien heureux de les rencontrer, car il y a de quoi palpiter sans cesse avant que l'on puisse mouiller.

Le plan inférieur d'Alger, ou la base de ce pain de sucre, a changé aujourd'hui tout-à-fait de face. Les rues qui du port vous conduisent dans la ville sont ornées de portiques à droite et à gauche et contiennent des demeures et des magasins assez élégants. L'affluence de la population qui donne l'essor à cette colonie, les belles places qui ont été formées, parmi lesquelles se trouve la place d'Armes, où existent des hôtels magnifiques, des cafés immenses de trois étages, des salles de danse et tout ce qui peut contribuer à l'amusement du peuple ainsi qu'au repos d'une armée belliqueuse, sont des choses de nouvelle date et même trop grandes pour cette petite localité. Nul doute que les soldats, en revenant de leurs expéditions, ne puissent se procurer les mêmes distractions que leur offrirait peut-être un quartier de Paris.

Les routes qui ont été tracées dans les campagnes voisines sont longues, larges et dans une harmonie parfaite avec tout ce que nous venons de citer. Voilà pourquoi l'on peut affirmer que le plan de cette nouvelle ville est une belle copie d'un quartier de la capitale de la France, transporté par l'activité et le génie français sur les côtes d'Afrique.

Quant à la colonisation, il paraît qu'elle

doit aller de progrès en progrès ; les champs verdoient en faisant ressortir des alentours émaillés de fleurs et d'autres plantes indigènes qu'on est bien aise de voir. D'un côté et d'autre on rencontre de vieilles tours et des maisons champêtres maintenant augmentées et embellies par les soins des nouveaux propriétaires. Les omnibus parcourent la ville et la campagne, et avec peu d'argent l'on va s'amuser dans les villages dont l'aspect est, à la vérité, bien différent de ceux que l'on aperçoit sur les bords du Nil.

L'industrie et l'énergie des Français, quoique réputés légers, propagent les systèmes de civilisation et de réforme partout où ils pénètrent. Il est incontestable qu'ils ont rendu ce continent brillant et digne de toute considération.

Les Bédouins, devenus moins rustiques, fraternisent avec les Européens, et, contents d'appartenir à une grande nation, vont en France où ils sont bien accueillis, et à leur retour recrutent en faveur du nouveau dominateur. Les belles femmes au lieu de se cacher et de couvrir leur figure avec un masque, se confondent orgueilleuses avec les dames européennes, et en méprisant les anciennes habitudes, ne dédaignent pas d'accepter les hommages des militaires et des voyageurs qui fourmillent continuellement dans la nouvelle Algérie.

La partie élevée de cette ville est la plus originale de toutes celles de l'Afrique, car, à mesure que l'on monte, on rencontre des petites maisons rustiques entassées les unes sur les autres ; les rues sont de même ; celles qui vous mènent du côté de la citadelle sont tortueuses et sales. Des arcades mal bâties soutiennent quelques maisons passables ; d'un labyrinthe, on entre dans un autre, et avec bien de la peine on arrive sur la cime de la montagne où existe encore un vieux château, jadis résidence du chef des pirates appelé bey, et que l'on nomme la Cashba au Casauba.

A Alger les Chrétiens sympathisent avec

les Turcs, et ils se rendent tour-à-tour des services, à l'ombre du pavillon d'une nation hardie et guerrière. Une police sévère surveille les étrangers qui y abordent, c'est ce qui fait que si à l'époque de sa fondation les chevaliers d'industrie réussissaient dans leurs escroqueries · à présent il n'y a plus moyen. Tout individu qui doit partir voit afficher son nom sur une liste placée dans une tablette en bois entourée d'un grillage en fer, suspendue devant le bureau de police, et cela pendant trois jours.

Beaucoup de capitalistes français et étrangers se sont établis dans cette ville où rien ne manque. La vie animale est un peu chère, à cause de la présence de l'armée qui accroît la population déjà assez nombreuse, et par le manque de plusieurs genres de comestibles qui, en venant de France, sont achetés de troisième main et par conséquent payés plus cher.

S'il ne pleut pas en Egypte, sur les côtes d'Afrique, et particulièrement à Alger, il pleut souvent et à verse.

Le voyageur qui visite Alger est désireux de se rendre à Tunis, et comme les territoires de ces deux provinces sont limitrophes, on y va vite par mer et non par terre, car les routes sont rares et peu sûres.

Tunis, l'ancienne Carthage, si célèbre du temps des Romains, présente une côte plus riante que celle d'Alger, et un bassin apte à contenir une flotte. Mais on n'y aborde pas si facilement à cause des bas-fonds produits par l'eau d'une rivière qui se jette dans la mer : sitôt qu'on a vaincu cet obstacle, l'on met pied à terre et l'on voit tout de suite ce que c'était que l'ancienne Barbarie. Il est certain qu'en effectuant le passage d'Alger à Tunis, c'est partir d'une ville tant soit peu belle et policée pour se rendre dans un désert qui cependant ne laisse pas que d'être assez peuplé. Les douanes, les gardes, en un mot tout ce qui se présente à l'œil, repousse l'étranger, et la mauvaise humeur augmente à mesure que de la plage (trajet bien long) on se rend dans la ville.

Je ne saurai parler de l'architecture de Tunis, car tout cela n'a point de symétrie, mais il faut avouer qu'au temps du bey d'Alger, Tunis était une tout autre ville, quant à son étendue et à sa position géographique.

Les demeures des consuls ont été bâties aux frais de ces beys, c'est pour cela qu'ils sont parfaitement logés; la résidence du bey est assez bien. Mais ce qui est insupportable, c'est la saleté des rues. Les murs de la forteresse ont été solidement bâtis. La position domine éminemment la ville et le port: il paraît que cette citadelle a été négligée alors que cessa le commerce inhumain des esclaves que l'on faisait en Barbarie. Grâces aux soins des princes de la haute-alliance européenne, les Chrétiens ne sont plus sujets à devenir la proie des Turcs; au contraire les Mahométans, en voyant que leurs despotes ont perdu toute sorte d'entité politique, approchent les Francs, font le commerce entre eux, et la plus grande tolérance est mutuellement observée dans les cultes.

Le territoire de Tunis est plus fertile que celui d'Alger, et par conséquent plus riche en produits indigènes; les positions en sont plus belles; mais tout ce qui vous environne présente une pâleur mortelle et respire la barbarie, surtout dans la campagne. Le pacha, qui n'est pas un sot, s'occupe de sa petite armée, il fait son possible pour en améliorer la position, et comme d'ordinaire sans aucun profit : deux cuisiniers français sont attachés à son service, ils lui apprêtent son dîner à l'européenne. Quand il descend dans le port pour y passer l'été, son armée le précède, et ses équipages sont tellement riches qu'il est vraiment drôle de voir marcher des voitures magnifiques en campagne et en ville, sur des terre-pleins remplis d'ordures et de fange. Il est entendu qu'on rencontre tout ce qui est recherché d'après leurs usages seulement dans l'intérieur des maisons des Musulmans; pour ce qui concerne le reste, la nature fait son cours; voilà pourquoi si dans ce beau climat il y avait une police municipale, bien des maux n'affligeraient pas la race humaine, mais ce serait trop prétendre, je le vois. Espérons que l'influence européenne introduira plus tard dans ces lieux barbares, cette propreté que les Français appellent à juste titre la seconde vie de l'homme (ou une demi-vertu).

Quant à moi, toujours malade, toujours souffrant plus ou moins des fièvres qui, bien que cédant insensiblement, ne me quittaient pas encore après avoir fait un séjour de huit jours dans le Caire. Avant de partir je voulus visiter à tout prix les pyramides. On me conseilla de ne pas y aller tout seul; je cherchai des camarades et j'en trouvai; c'est un voyage de cinq lieues, il est dangereux non pas pour le chemin qui est uni et plat, parce qu'on traverse, pour y aller, des campagnes riantes; mais les bédouins qui habitent les villages voisins sont à redouter. Le croirait-on, ils découvrent du sommet de ces gros amas de pierres les Européens et les autres voyayeurs, et ils viennent tout essoufflés à leur rencontre, en se disputant leur acquisition avec un acharnement inconcevable, et ce qui est pis, ils font souvent égarer les étrangers, afin de pouvoir gagner davantage en passant un bras du Nil avec leurs hommes sur leur dos; voilà ce qui arrive à tous ceux qui y vont seuls ou bien qui s'éloignent du groupe dont ils font partie; c'est aussi ce qui m'arriva, à moi, qui ne me doutais pas des entraves que cette horde de brigands prépare à la curiosité des étrangers, je tombai dans le piége et il s'en fallut peu que je ne restasse submergé dans le Nil, à cause de la mêlée qui eut lieu dans l'eau, quand il fut question de me porter, ce qui n'était pas facile en raison de mon poids.

Je commençai à réfléchir sérieusement sur les dangers auxquels se trouvait exposé celui qui hasardait un pareil voyage, et absorbé dans mes pensées j'arrivai sans m'en douter : ce n'est qu'avec beaucoup de peine qu'on peut traverser les montagnes de sable, sur lesquelles sont posées ces masses énormes.

Le silence profond du désert et la vue des pyramides vous impressionnent; il semble qu'elles vous rappelle la vénération dont les anciens peuples étaient pénétrés pour les morts. Aujourd'hui c'est différent, la civilisation qui est si avancée regarde la mort d'un homme comme les poètes anciens regardaient les aventures d'Oreste sur la scène où nous naissons tous pour mourir. Sans doute nous sommes tous mortels; chacun doit payer son tribut à la nature; mais les parents et les amis, si vous êtes pauvres, vous abandonnent pendant votre vie; si vous avez des moyens pécuniaires, une fois décédé, ils se disputent avec acharnement vos dépouilles, et se bornent à se rappeler votre perte en disant : il est mort.....

La plus grande des pyramides compte environ six cents pieds de hauteur et cinq cents de largeur à sa base; elle est composée de grandes pierres taillées et arrangées de manière, l'une sur l'autre, qu'il n'est pas facile d'en faire la description. Les premières pierres, celles qui couvrent immédiatement les fondements, sont de la hauteur d'un homme. La surface de chaque triangle offre à la vue autant de pointes qu'il y a de pierres. L'appareil, tout-à-fait particulier par le moyen duquel a été exécuté ce travail, est une chose extraordinaire de nos jours, et même nous croyons qu'on ne trouverait pas un homme qui voudrait en hasarder l'exécution, d'autant plus qu'il en coûterait des sommes immenses. Je le répète encore, le grandiose de ce monument effraierait celui qui voudrait l'imiter. La grande pyramide est accessible jusqu'au sommet, car le constructeur a eu soin de laisser les pierres (ou pour mieux dire les parallélipipèdes dont elle a été construite) divergentes en dehors, ainsi qu'il qu'il l'a fait pour toute la surface extérieure des différents côtés du mausolée. Je dis mausolée, car il est prouvé que ces bâtiments contiennent des sarcophages et des tombeaux. Je ne saurai donner une description exacte de la partie interne de la grande pyramide, attendu que l'ouverture par laquelle on y entre actuellement présente la forme d'un long spirale. A cette vue, je me sentis ému, voyant que je ne pourrais m'y introduire sans risquer d'y être étouffé. Cependant il paraît que la véritable porte d'entrée a été scellée par les anciens, après qu'ils y eurent déposé les corps. On sait que la partie cachée renferme plusieurs étages et des chambres dans lesquelles on entre en grimpant avec beaucoup peine, et ceux qui ont voulu satisfaire leur curiosité rapportent qu'on y trouve des sarcophages de granit et de porphyre, des momies et bien des choses allégoriques.

A quelque distance de la première, il y a une autre pyramide plus petite, ce qui fait que de loin on les croit de la même grandeur; mais la seconde n'est pas accessible au dehors. D'après sa surface extérieure, il paraît qu'elle a été incrustée de verre ancien, du moins, c'est ce que ses vestiges font croire.

Sur ces montagnes de sable, il y a d'espace en espace d'autres petites pyramides qui ne s'aperçoivent pas de loin. Il y a aussi un puits très-profond, dans lequel on déterre des momies, des sarcophages, des urnes et d'autres objets qui rappellent les anciennes mœurs. Un sphinx d'une grandeur énorme précède les pyramides. Nous croyons qu'il a été placé là comme un gardien muet du lieu sacré. Il suffit de savoir que sa tête symbolique présente une dimension de quinze pieds carrés. Tout cela nous paraît extraordinaire et ridicule, et nous voyons par là ce que c'était que les anciens idolâtres.

N'ayant pu accomplir le but de notre voyage, c'est-à-dire, celui de visiter la Syrie, car, comme nous venons de le dire, si nous avons pu nous étendre, malgré l'obstination des fièvres, jusqu'aux pyramides, il nous a fallu baisser pavillon et retourner sur nos pas en revenant à Alexandrie, pays détestable à cause des fièvres qui règnent dans cette ville pendant toute l'année; on ne voit chaque jour que les enterrements des malheureux Arabes et des Européens qui viennent habiter cette terre exterminatrice, car les fièvre après tant de dépenses et de soins avaient cédé au Caire. A peine eus-je remis le pied sur cette terre maudite qu'elles m'assaillirent si violemment que je ne croyais pas même avoir assez de temps pour attendre le bateau à vapeur français qui vint me délivrer de tant de tourments.

La seule chose qu'il y ait de remarquable à Alexandrie est la colonne appelée Pompée, située dans un champ destiné à inhumer les Arabes. Grand Dieu! Comme les temps sont changés! Autrefois ce monument s'élevait orgueilleux, et il paraissait dire aux peuples de l'Orient : Respectez en moi le simulacre de la grandeur romaine; mais à présent la colonne de Pompée a été condamnée à remplacer le sphinx qui précède les mausolées des pyramides. Cette colonne présente une seule pièce de granit, et on ne saurait concevoir de quelle manière on a pu la couper dans la carrière. Sa hauteur est immense et elle conserve encore, après tant de siècles, son premier chapiteau : le diamètre de cette colonne est de neuf pieds carrés. Comment a-t-on pu transporter sur les eaux du Nil cet énorme bloc de granit, et de quel moyen les anciens se sont-ils servis pour le placer perpendiculairement sur son piédestal qui menace ruine maintenant. Ce sont des faits dignes de toute admiration. Il n'y a pas de doute que de nos jours les sciences et les arts peuvent, en raison de leurs progrès, rendre ces travaux plus faciles, mais il paraîtrait que dans le temps de la plus reculée antiquité, de semblables plans ne s'exécutaient pas non plus très-aisément.

Un monument aussi intéressant va tomber d'un jour à l'autre, car, d'après ce que nous avons dit, le piédestal chancelle, et l'on risque beaucoup en s'en approchant.

L'influence que les Européens, et spécialement celle que les Français ont exercée et exercent sur les peuples d'Egypte, mérite d'être citée, et il faut dire que le cabinet des Tuileries a eu des motifs suffisants pour ne pas se déclarer tout-à-fait en faveur du pacha dans les dernières guerres (motifs assez justes à notre avis, car il faudrait conquérir ce pays-là et non protéger la Porte qui le domine, vu qu'un tel procédé ne peut être que nuisible aux intérêts des Francs et des Arabes même). Les Français, dis-je, et beaucoup d'Italiens établis dans ces contrées, ont rendu des services incalculables à ces peuples, en y introduisant autant que possible leurs institutions, c'est-à-dire, les écoles de navigation, celles de médecine; les écoles vétérinaires, et bien d'autres établissements de différentes natures. Beaucoup d'Arabes parlent passablement les langues étrangères, et plusieurs d'eux, après avoir été examinés et licenciés, exercent la médecine dans les villages, et les plus hardis en font autant envers la basse classe dans le Caire, concurremment avec les Européens.

Le ministère de Méhémet-Ali a été organisé à peu près à l'instar de celui des grandes puissances. En cela seulement le turc a voulu singer les cabinets..... On y trouve le département de la guerre, celui de l'instruction publique, celui des finances et celui de l'intérieur.

J'ai eu l'idée de visiter sous de spécieux prétextes ces départements, qui n'offraient à la vue que la réunion de plusieurs vampires, assis sur les divans, ainsi que les beys et le pacha leur régulateur qui, tout en fumant leurs très-longues pipes, par le moyen du geste faisaient mouvoir les fils de ces marionnettes. De semblables ministres sont tous des Arabes qui ont habité la France ou l'Angleterre; ils parlent passablement les langues de ces pays, et par conséquent ils sont à portée d'avoir un commerce avec les Francs en les repoussant et en les amusant selon l'impulsion qu'ils reçoivent du grand financier. Enfin le débouché des Français, des Italiens, des Allemands et des Maltais, a été tellement grand en Egypte, que si le Pacha avait voulu payer ponctuellement tout ce qu'il leur a promis, ses capitaux en auraient beaucoup souffert; mais par le système qu'il a adopté du premier moment, c'est-à-dire celui des arrérages, en véritable prosélyte de Mahomet, il s'est servi d'eux comme on dit en retirant la bride et en les rendant tous contents en apparence.

Les médecins et les pharmaciens qu'on rencontre dans le Caire pourraient fournir le personnel d'une armée de deux cent mille hommes. Aux Français il faut toujours ajouter les Italiens et les Allemands, et pour cela, selon nous, malgré les grandes maladies qui désolent ces contrées, il y a en Egypte, indépendamment des ravages que fait la peste, plus de médecins que de malades. Il est essentiel aussi de faire observer que parmi les employés européens, il y a des pachas et des beys qui n'ont pas encore renié la foi.

Tout va dans ce pays, car les vivres y sont à bon marché.

Or donc, on attend, dans ces contrées fertiles, malgré les efforts des Européens et ceux des Arabes, que la justice divine fasse triompher la cause de l'humanité. Dieu veuille que les vœux de tous soient enfin exaucés.

RÉFLEXIONS POLITIQUES

ET ESSAI

SUR

L'ILE DE CORFOU.

Nous ne voulons pas inventer des historiettes pour l'amusement des enfants; instruire le peuple, faire marcher la civilisation déjà si avancée dans les villes du nord de l'Europe, tel est le motif qui guide et anime notre plume.

Il est une partie de la Grèce qui a sans contredit fait des prodiges de valeur dans la guerre des sept années de sa régénération, puisqu'elle a secoué le joug de la Porte, au moment où toute l'Europe dormait sur ses lauriers, à l'ombre de la paix produite par les événements politiques.

Un nouvel ordre de chose semblait devoir mettre la race humaine en état de renverser le colosse du préjugé, et de marcher à grands pas vers son but, le respect des droits de l'homme, afin que chacun pût vivre enfin sous l'égide de lois justes et égales pour tous. Hélas ! tout n'a été, tout n'est encore que chimères, qu'illusions dans les agitations de l'esprit humain. Tout change ici-bas ; tout est subordonné aux crises naturelles et politiques ; et l'homme, directement ou indirectement, est condamné à végéter et à tourner sur la surface du globe, en luttant continuellement avec la perfidie de son semblable, comme avec la force des choses. — Jamais de repos, jamais de paix pour l'espèce humaine ! Et c'est là où triomphent l'intrigue et la cupidité qu'on vient parler de réciprocité sociale et de philantropie ! — Paradoxes, erreurs que tout cela dans le siècle où nous vivons. L'égoïsme est le seul mobile ; et pour comble de malheur, les hommes en suivent l'impulsion ; ils se débattent, luttent entre eux, et l'on voit naître ce conflit d'opinions qui a été et sera toujours le pivot des discordes humaines. L'un veut la république, l'autre la constitution, un autre préfère l'absolutisme ; chacun, au point de vue de sa propre existence, fait des vœux pour son bien-être et non pour celui de la société, ce qui fait que la terre est infectée de spéculateurs, de réformateurs et de docteurs-diplomates. De ce schisme vient la désunion des peuples, et c'est cette désunion qui fait subsister les vieux abus, retarde le progrès et arrête l'élan de la civilisation.

L'amour immodéré de soi-même abrutit les masses, et dégénère en orgueil ou fanatisme, c'est ce qui arrive à la majeure partie des peuple modernes. Il est certain que la réforme apportée par Napoléon à toutes les institutions antiques, comme à cette paix dont on jouissait en Europe, et qui ne reviendra plus, a secoué, jusque dans ses fondements, la machine politique. Ce grand conquérant a su, par les sentiers de la liberté, parcourir le chemin qui conduit au despotisme. Que lui est-il arrivé après tant de triomphes ? En voulant tout renverser, il s'est renversé lui-même; et ce qu'il y a de pis, d'une part, il a fait germer dans l'esprit des hommes du siècle les idées révolutionnaires; tandis que de l'autre, il a montré aux rois le vrai moyen de dominer l'espèce humaine. Et de tout ce désordre, il est résulté que les hommes pouvaient bien obtenir des améliorations dans le gouvernement, des concessions libérales, mais aux dépens de leur vertu, aux dépens de l'honnêteté. Rien, rien à espérer, aujourd'hui que les clubs politiques ont répandu la défiance sur la surface de la terre : et précisément dans les cabinets qui, étant informés de tout ce qui se passe, poussent la rigueur jusqu'à donner un corps à l'ombre même d'un complot. Voilà ce qu'a gagné l'espèce humaine, en embrassant le système de la dernière révolution. Quant à Bonaparte, il faut le regarder comme un second Attila, *flagellum dei*. Il a répandu le sang des peuples, non pour les arracher à une prétendue servitude, mais afin d'en profiter comme moyen nécessaire à son élévation, et pour qu'ils pussent servir d'instruments à son ambition. L'esprit d'innovation, qui est inné dans l'homme, a ébloui la plus grande partie de la génération actuelle, au point qu'on adore encore la mémoire de cet homme qui, certainement dans sa carrière, n'a rien fait pour l'humanité.

Le mécontentement dans la race humaine est aussi vieux que le monde. Reste à examiner si les principes qui nous agitent aujourd'hui sont les mêmes que ceux qui agitaient les autres peuples. — Non, sans doute. Les besoins de la race humaine varient comme les générations. Les mœurs et les usages de nos ancêtres étaient bien différents de ceux des hommes du siècle. Nul doute que les réformes si importantes qu'a subies la société, depuis l'ère vulgaire jusqu'à nos jours, n'aient produit d'immenses avantages dans le progrès des lettres, des sciences et des arts. Les nations qui ont conquis leur indépendance nous en fournissent continuellement l'exemple. C'est là le sujet d'un autre chisme et de toutes ces prétentions mal fondées qui nous font désirer des biens auxquels nous n'avons pas le droit de prétendre, puisque nous n'avons pas su nous les procurer.

La philosophie, la persévéjance, la fermeté de caractère sont les meilleurs guides à suivre sur le chemin de la vie; mais on observe peu leurs préceptes, parce que l'homme, dominé par l'avarice, la jalousie et l'envie, est (solon l'expression de Locke) *le loup d'un autre homme*. Comment donc espérer quelque chose de bien, si, loin d'avoir des principes, l'individu, dans les sociétés modernes, ne fait que profession de principes. Tout est spéculation, tout est pour la fin, et plus la race humaine s'efforce de masquer ses imperfections, plus la contradiction dans laquelle elle tombe à chaque instant obscurcit la lumière, comme ces miasmes pestilentiels si funestes à la santé de l'homme. Dans la Grèce, bien que nouvelle et régénérée, l'intrigue, l'avarice et l'égoïsme conduisent aux affaires.

Cas peuples, pleins d'énergie, ont tout perdu pour le salut de leur patrie. Il est donc nécessaire que l'industrie et la réunion de leurs efforts viennent cicatriser les profondes blessures qu'ils ont reçues dans ce long et pénible conflit. D'un autre côté, l'enthousiasme qui les anime pour leur prospérité a besoin d'être modéré et adouci par cette hospitalité qui honore les peuples naissants et libres, tandis que chez les autres, elle doit être le patrimoine de tous et le piédestal de l'ordre social.

Le luxe et la corruption des mœurs font que tout s'entreprend par besoin ou par mode; aussi se rencontre-t-il bien rarement aujourd'hui que la vertu et le bien public soient la règle de nos actions.

> Le monde empire
> Et en empirant il vieillit.
>
> P. LAZARE.

Pour ce qui regarde les Grecs des sept îles, je crus voir un petit Paris quand j'arrivai à Corfou. La ville est fort belle, quoique petite; les campagnes sont riantes et fertiles, les routes convenablement tenues, et l'esplanade, qui conduit à la citadelle, est ornée d'arbres, d'allées, de promenades champêtres et des monuments de ceux qui ont gouverné et gouvernent encore ces petits états. Le quartier qui fait face à la ligne parallèle de la forteresse est bâti d'une manière uniforme et soutenu par des portiques praticables où se montrent de fort belles boutiques qui ne le cèdent en rien à celles de la rue de Rivoli à Paris.

De somptueux cafés, de riches magasins de divers genres animent le long portique et servent de rendez-vous aux gentilshommes qui viennent s'y promener le matin pour éviter les rayons du soleil, et qui, le soir, reviennent s'y soustraire à l'humidité mortelle de la perfide esplanade.

On y jouit d'une vue délicieuse; mais malheureusement cette plaine est entourée des montagnes de l'Albanie où se trouvent quelques petits étangs; de là sortent des exhalaisons qui, poussées et repoussées par divers vents, se répandent sur ce rocher et infectent l'air. Le climat est tellement variable qu'on peut dire en toute assurance que les saisons qui règlent la température atmosphérique presque partout ont fait divorce avec cette île. L'hiver, il pleut pendant six mois; et l'été, les vents changent à tout moment. Le tonnerre, les tempêtes, les inondations se renouvellent avec une telle extravagance qu'il devient impossible à un étranger d'y vivre en bonne santé. En automne, un étang intérieur, nommé Calichiopoli, produit des fièvres périodiques contre lesquelles ont à lutter les habitants des campagnes, et qui se répandent même dans la ville. A vrai dire, l'enchantement dont est saisi le voyageur qui touche à Corfou, en revenant du Levant, est bien empoisonné, troublé par l'inconstance de l'air qu'on y respire et par tous les désastres auxquels l'île reste toujours soumise, à cause de sa position géographique.

La jeunesse de Corfou est mise élégamment, et anime par sa bizarrerie cette populeuse cité. Pour les dames, nous n'en dirons rien; elles sont grecques, et cela suffit. elles parlent le dialecte vénitien, outre la langue maternelle; et certainement elles sont douées d'une vivacité et d'un charme à éclipser la grâce de nos belles vénitiennes. La noblesse y est florissante et digne du rang qu'elle occupe. Il me semblait rêver lorsque j'arrivai à Corfou, la décence et l'urbanité peu commune de cette jeunesse dorée me tira d'une espèce de léthargie dans laquelle m'avait plongé le souvenir de mes voyages en Orient. Je me rendis au théâtre, bel édifice d'architecture antique, et j'y entendis exécuter les plus belles partitions de nos auteurs classiques modernes. L'orchestre pourrait rivaliser avec ceux de Munich et de Berlin, mais la compagnie des chanteurs... hélas! était bien médiocre. Toutefois ce n'est pas la faute de l'administration, car il y a aujourd'hui grande pénurie de cette marchandise, même en Italie.

Le palais de justice est très-remarquable par sa construction. Les magistrats sont pleins de sens et tout-à-fait incorruptibles. Tout est ordre, tout est système dans cette petite île. Cercles pour les nobles, cercles pour les négociants; c'est là qu'ils vont se délasser des travaux de la journée; une hospitalité presque inconcevable envers les étrangers; un grand luxe chez les dames, et un ton de magnificence dans la classe distinguée de la société. Il faut visiter Corfou pour se convaincre qu'il est de petites villes où l'on peut vivre aussi agréablement que dans une grande capitale. Les hôtels, les restaurants et les cafés pourraient rivaliser avec ceux de Florence et de Milan. Une chose manque à cette petite métropole, peut-être l'argent, parce que la fortune des habitants dépend du produit des olives qui est très-abondant, mais dont malheureusement la récolte ne se renouvelle pas très-souvent à cause de la température; il y a même plusieurs années que le manque de produit fait la guerre à la bourse des généreux et magnifiques *Corfiottes*. Que le Très-Haut veuille y pourvoir, car, où manque le commerce et l'industrie, là se dresse l'hydre de la misère.

Parmi les institutions qui honorent cette petite île, on distingue l'université où des professeurs d'un grand renom enseignent le droit, les mathématiques, les langues, le dessin et tant d'autres choses utiles au genre humain.

On vient tout récemment d'y installer une société philharmonique, pour la prospérité de laquelle s'efforcent à l'envi la jeunesse et les plus grands amateurs (*dilettanti*) de la Méditerranée.

Très-souvent on y donne des soirées brillantes où l'on chante à merveille, et où les instrumentistes font preuve d'une exécution presque parfaite. En un mot, tel est le zèle et l'amour-propre de ces indigènes, qu'ils se sont fait une loi jusqu'à présent de n'inviter ni les amateurs, ni les artistes étrangers qui se trouvaient établis ou de passage dans leur ville. En vérité c'est aller trop loin, depuis que dans toutes les parties du monde, les amateurs de musique spécialement, ne font aucun mystère de leur savoir; et pleins de modestie, soumettent volontiers leurs talents à l'examen, persuadés que, quelle que soit la force de ces Messieurs, l'indulgence et la gratitude précèdent tout jugement. Pour ce qui concerne la musique, comme elle est nationale, *cela viendra*, disent les Français, il faudra donc l'espérer. Le président perpétuel de la société musicale, outre qu'il appartient à une des plus nobles familles, est encore un jeune homme d'un bel aspect, doué d'immenses connaissances, bon orateur et versé dans la partie scientifique de la musique. Comme dans ses voyages il a fréquenté les plus grands artistes du jour, il a été à même d'enrichir son génie pour pouvoir devenir le germe animateur du congrès musical de Corfou.

Un corps de musique militaire entièrement composé d'amateurs élégamment vêtus, ne le cède en rien à ceux des régiments anglais qui y sont en garnison.

Le président du corps législatif, est un avocat d'une grande pénétration d'esprit; il se sert du don de la parole avec tant de bonheur, qu'il dispose et remue à son gré tout ce qui l'entoure, sans jamais rencontrer d'obstacle.

Il existe à Corfou une imprimerie grandiose, dite du *Gouvernement*, le local est fort beau, c'est un ancien couvent. L'établissement est pourvu de toutes sortes de caractères, de vignettes, et de tous ces petits ornements nécessaires à la publication d'un ouvrage ; le directeur est un homme fort civil, très-affable, et je ne sais par quelle fatalité il n'est pas bien secondé par ses subordonnés.

On trouve dans cette île plusieurs étangs, ceux de Calichiopoli, de Govino, d'Antiquotti, de Saint-Mathieu, mais les poissons de Calichiopoli ont la chair délicate et d'un goût superfin ; ceux du port sont également appréciés, bons légumes, bons fruits, bon pain, excellent vin à bon marché, tout abonde à Corfou ; si donc l'argent manque, ce n'est pas la faute des habitants, mais du destin ! Que la récolte des olives soit abondante et les *Corfiottes* seront heureux.

PETIT APERÇU

DU SORT

DES OFFICIERS DE L'ARMÉE NAPOLITAINE

APRÈS LES ÉVÉNEMENTS DE 1821,

ESSAI RAPIDE CONCERNANT UN VOYAGE ARTISTIQUE.

Après la chute de Napoléon, Murat tomba de lui-même, ainsi que tous les prosélytes de la famille Bonaparte. Les officiers de l'armée napolitaine, comme tous ceux des petites royautés attachées à l'Empire, se trouvèrent dans une fausse position. Malgré l'année 1814, dans le royaume de Naples, les événements de la guerre avaient fait avorter une capitulation *stipulée* par M. Carrascosa, général en chef des débris de notre armée, et le général Bianchi, commandant les troupes autrichiennes. Nous étions considérés, par les masses du nouveau système, comme une classe d'hommes auxiliaire et suspecte. Le vieux roi de Naples, Ferdinand Ier, en reconnaissant la capitulation de Casalanza, qui nous assurait nos grades et nos honneurs, avait donné à ses collègues une preuve de fermeté et de générosité en même temps. Ces beaux préliminaires étaient contrebalancés par l'esprit d'opposition qui régnait entre les officiers revenus de la Sicile et nous. Les premiers, comme chacun sait, n'avaient d'autre mérite que celui d'avoir été fidèles à leur roi pendant les dix ans d'émigration. Le roi qui avait de l'expérience et du bon sens, voulait cependant confondre les deux armées, et sa sympathie se prononça pour les *Murattins*; nom qui fut adopté par la généralité, à notre égard, pour nous distinguer des autres militaires. Depuis l'année 1814 jusqu'à l'année 1821, tout marcha pour le mieux; mais les mécontents, qui avaient souffert dans le changement politique, sur l'exemple de quelques autres nations, commencèrent à conspirer pour la réforme de l'administration. Deux sectes s'organisèrent, l'une avec le nóm de *Carbonari*, et l'autre avec celui de *Caldarari*. On me parla de cela ; mais, quoique jeune alors, j'y yoyais encore assez clair pour ne pas me laisser influencer. Mais ce qu'il y a d'incontestable, c'est que des chefs de l'armée et plusieurs officiers s'ffilièrent à ces clubs. Petit à petit, le gouvernement s'en mêla, et nous perdîmes de jour en jour la considération, qui, presque par l'effet d'un prodige, nous maintenait en place.

Les manœuvres de la politique française avaient considérablement échauffé les têtes des Italiens ; tout le monde se croyait en droit de réclamer une constitution, sans calculer que l'Italie, qui est morcelée en plusieurs petits états, ne saurait atteindre le but démocratique, but qui a été le sujet de tant de massacres, de guerres et de querelles en Angleterre, en France et chez les autres peuples. Les Napolitains, les Piémontais et quelques provinces des états du pape, donnèrent l'élan aux affaires de la constitution, qui effectivement fut proclamée à Naples en 1821. J'étais dans la province avec mon régiment, et un beau jour, le sous-lieutenant de ma compagnie m'annonça en route que la révolution s'était opérée dans le royaume, et que sous peu l'Italie deviendrait libre. Tout en souriant, je lui répondis : Vous le croyez, mais je ne suis pas de votre avis; c'est une fanfaronnade qui n'aura pas de durée. Ma prophétie se vérifia, car tout le monde sait quels ont été les résultats de cette insurrection et quels en étaient les meneurs... La constitution abolie, nous fumes sur le pavé. La nation nous considéra comme des lâches, le Roi nous haït pour avoir été joué et trahi. Cependant tous les officiers n'avaient pas pris part dans cette réforme : n'importe, cela donna des armes aux ennemis des Murattins pour les battre. Les militaires venus de la Sicile, profitèrent de cette occasion, ne cherchant pas mieux pour profiter de nos grades et de nos honneurs ; et ils réussirent, car le roi, revenu de ses sympathies, préféra ses fidèles chevaux de parade aux guerriers de l'ancienne armée. Je dis guerriers, car on ne pourra pas refuser aux Napolitains les suffrages qu'ils ont mérités en Espagne et en Russie à la suite des armées Françaises ; et tout le monde sait qu'à la retraite de Moscou, notre cavalerie sauva Napoléon et une partie de ceux qui le suivaient.

Après la constitution, des tribunaux militaires et civils furent érigés pour scruter la conduite des fonctionnaires publics ; ce fut le signal de la désunion et de la discorde. Le roi croyait que les anciens de la Sicile agissaient de bonne foi ; mais il fut trompé, car les intrigants et les espions surent se mettre à l'abri du danger, et la classe probe des militaires et des employés civils fut impitoyablement culbutée et mise à la porte. Plusieurs de mes camarades faisaient partie de la faction, et j'étais tout effrayé de voir le rôle qu'ils jouaient après le changement. Je n'oublierai jamais qu'un jour, ayant vu un capitaine *carbonaro*, nommé juge d'une cour martiale, je lui fis cette observation : Comment, monsieur, pouvez-vous accepter de pareilles commissions sans frémir! il est question de condamner vos confrères. Il me répondit : Vous auriez mieux fait d'entrer dans un couvent avec vos principes. Connaissant son ignorance, je me contentai de le mépriser... Ce bouleversement fit que de nouvelles réclamations furent présentées à Sa Majesté sur le choix des employés; de sorte que le roi, se voyant traîné à la remorque et trompé, ordonna la révision des scrutins. Les révisions, au lieu de faire triompher l'innocence, augmentèrent la confusion et le désordre, et les honnêtes gens furent confondus pêle-mêle avec les mauvais sujets et les factieux. Les non-exaltés furent mis à la demi-solde, et l'on finit, en 1821, par leur donner le tiers de leurs appointements à titre de subsides. Tout le monde comprit que c'était fait de nous, et qu'il fallait se contenter de pain sec; cet état humiliant blessa tellement mon amour-propre, que je me décidai a partir. J'étais un pen musicien et littérateur; on me conseilla de chanter : je connaissais tous les amateurs et les artistes distingués de mon pays; je commençai à étudier nuit et jour, à fréquenter les grandes sociétés, et je vis sans lunettes que j'étais encore assez bien portant pour pouvoir tout entreprendre, ayant été mis de côté à la vigueur de l'âge; la diminution des moyens nécessaires aux besoins de la vie, m'avaient d'ailleurs rendu infatigable. Mon caractère a toujours été ferme, et rien ne m'en a imposé. La noblesse sicilienne, qui est généreuse, me témoigna de l'indulgence et voulut me protéger; je profitai de son appui et je me rendis dans la Sicile.

Je n'ai de ma vie été plus flatté; table, logement et équipages, chez les princes de Cuto et de Campo-Franco ne me manquaient certainement pas. Toujours au milieu d'une société distinguée, je faisais bonne chère et de la musique, en un mot, j'étais généralement estimé. Ma conversation perfectionnait dans la langue italienne le monde parmi lequel j'étais reçu; ces messieurs me savaient gré de l'empressement que je mettais à leur témoigner ma reconnaissance, et j'aurais pu rester long-temps dans la Sicile, si le climat humide de cette belle ville et la passion que j'avais de voyager ne m'en eussent détourné.

Après un an de séjour à Palerme, j'ai voulu traverser la Sicile; j'ai été à Messine et à Catania, j'y ai donné des concerts dans lesquels j'ai été fort applaudi: de là j'ai voulu voir Malte; j'y ai fait aussi de la musique, malgré l'opposition de la troupe italienne, qui chantait à l'époque de mon arrivée à Malte: ce fut là que je commençai à m'apercevoir que j'aurais eu de la besogne avec les artistes musiciens. Je retournai à Palerme, où mes protecteurs se disputaient sur la manière de me recevoir; mais une indisposition ayant affaibli mes forces physiques, j'ai dû quitter l'île pour respirer l'air pur du continent. J'avoue que j'eus bien de la peine à me séparer du jeune prince de Cuto, chez lequel j'étais logé, et du jeune prince de Furnari, fils aîné du prince de Campo-Franco; mais il était question de santé, en conséquense tout doit céder à cela; car notre esprit ne vaut rien sans le consentement de l'harmonie vitale. A Naples, je repris mes forces dans quatre semaines; mais le ver rongeur du *statu quo*, auquel j'étais gratuitement condamné, me suggérait d'entreprendre un long voyage. En effet, la vie est si courte, qu'il faut absolument éviter la monotonie, et s'y prendre de manière qu'une distraction succède à une autre. L'immobilité est la prérogative des plantes. Tout homme qui aime à ne rien faire, ou qui ne doit rien faire, n'est pas assez loin d'un végétable; car la végétation est inhérente à tous les corps animés, mais *à posteriori* de la pensée, sous le rapport moral; sous le rapport physique, il est connu que tout est surbordonné aux causes primitives de notre existence.

De Naples je partis pour Florence et Livourne, recommandé par Pacini, et par d'autres célébrités musicales italiennes, qui s'intéressaient à mon sort. Ma renommée sicilienne me précédait à mon insu. J'ai traversé toute l'Italie, ou plus ou moins, j'ai appris à lutter avec la caste des amateurs et des artistes musiciens. La concurrence qui forme aujourd'hui le type des affaires du siècle et la séparation qui règne depuis long-temps parmi les peuples de la péninsule italienne, me firent bientôt voir que, dans ma qualité, qui était toute spéciale, il fallait choisir une autre terre pour pouvoir marcher sans obstacle.

En effet, à Bologne et à Florence la noblesse m'en voulait à mort, présumant que je la dégradais en professant la musique; quant aux artistes, par jalousie et dans leur intérêt, ils me considéraient comme un contrebandier.

L'Italie, qui a donné en tout temps l'essor aux arts et aux sciences, et qui même à présent se vante de posséder de grands génies, n'est pas encore exempte des vieux préjugés qui en imposent aux masses populaires et retardent la civilisation. La théocratie et l'aristocratie se donnent la main pour arrêter toute sorte d'élan, et l'on finit par échouer si on ne change pas de ciel.

Après bien des entraves et après un fameux vol que j'ai assuyé sur la route de Mantoue, en me rendant à Venise pour y passer le carnaval de 1833, où toutes mes économies de la Sicile et de Malte disparurent comme la fumée au vent, je me rendis à Paris assez mal monté. Je me trouvai en conséquence dans un autre monde, mais je possédais déjà la langue française. A chaque pas je rencontrais des bandes de réfugiés Italiens; qui rempaient tour-à-tour sur le pavé de cette vaste capitale; je les voyais au café avec bien du plaisir, mais quand je me trouvais seul chez moi, je plaignais leur triste sort, et je m'arrangeai toujours de manière à pouvoir faire marcher mes affaires sans les choquer. Le rôle de conspirateur est un très-mauvais rôle à jouer ; je n'aime pas beaucoup à m'approcher de ces gens-là, et malgré que mes idées aient toujours été libérales, le bon sens ne m'a jamais quitté en fait de politique. Paris sans pareil, Paris qui est réputé la moderne Athènes des arts et des sciences, est un pays inconcevable. D'un côté j'en conviens, de l'autre on ne pourra pas me nier que c'est un gouffre où se nichent tous les vices et toutes les turpitudes dont la race humaine est infectée. Cependant une absurdité pareille a le mérite de produire un ensemble qui a quelque chose d'étrange et de magique.

Je m'attachai à Rossini : Rossini est un homme extraordinaire et plaisant ; je l'attaquai de ce côté-là et je réussis. Après avoir publié un ouvrage en sa faveur, intitulé *Rossini et Bellini*, son amour-propre en fut ravi et cela me suffit. Nous fîmes une alliance offensive et défensive; il me prôna dans la société, ayant eu aussi soin de me mettre en évidence avec l'aristocratie musicale et littéraire, qui mène la coterie et la camaraderie dans une ville immense telle que Paris. Pourtant les parisiens, qui sont en général, polis, actifs et très-perspicaces, n'y font pas beaucoup attention, et l'homme à talent très-souvent a le bonheur de percer. Une adresse, un mot lâché à propos, la moindre des choses est à même de porter une personne aux nues, si elle a du mérite. Il n'en faut pas davantage pour devenir l'arbitre du public, ce qui fait que l'on parvient quelquefois jusqu'à le maîtriser.

J'ai été rangé en France, sous les drapeaux des artistes, et non-seulement j'ai été aimé, mais j'ai fait encore preuve de mon savoir plusieurs fois à Paris, à Bordeaux, à Marseille, à Lille, à Amiens et dans bien d'autres chefs-lieux de départements. La presse française. qui est indulgente et généreuse à l'égard des étrangers, l'atteste depuis long-temps, et moi-même j'en ai la conviction intime.

J'ai habité un an et demi la Belgique, et j'ai triomphé à Bruxelles de l'apathie peu encourageante des artistes flamands et de la rage musicale qui les dévore. Les Belges aiment la musique et surtout le chant; et ils se passent volontiers de la voie des journaux qui est trop partiale. Le roi et la reine sont humains et complaisants ainsi que la noblesse et la haute société en Flandre. A cet égard nous nous bornerons à dire un seul mot sur l'indulgence et la marche adoptée par la cour actuelle de France, vis-à-vis du public. Je demande en quel pays du monde il est permis d'écrire au roi et à la reine, aux princes de la famille royale et d'en obtenir une réponse polie, raisonnée et plusieurs fois satisfaisante. Il est connu qu'on ne peut pas contenter le premier qui arrive, au moins l'on sait à quoi s'en tenir, et l'on n'est pas la dupe du despotisme ministériel, ainsi qu'il se vérifie dans les gouvernements absolus, où, malgré toute la bonne volonté d'un souverain, on se voit baloté, humilié, sans espoir aucun de se relever.

J'ai été en Hollande où j'ai rencontré une oligarchie mercantile, qui se tient au guet pour acheter tout ce qui est étranger au pays. L'on vous vend et l'on vous revend, et l'on fait marché de votre talent à l'instar des marchandises, pour le reproduire apparemment à leurs frais. Mais en définitive, ce n'est qu'une spéculation comme une autre pour ces messieurs. Un pareil commerce ferait bien des victimes, si les gouvernements du Nord n'étaient là toujours prêts à protéger les étrangers et spécialement les artistes qui s'écartent en voyage de la ligne ordinaire.

Les négociants, en Hollande entre autres n'aiment pas du tout le chant italien. Voilà une grande exception sur ce qui concerne le goût des autres peuples de l'Europe; quant au reste, la fierté et l'insouciance marchent de front avec le progrès pour la plupart de ces habitants.

J'ai été à Berlin dans le grand hiver; j'ai

donné un concert au théâtre national, parce que le ministre de France l'a voulu; autrement la clique musicale est tellement redoutable en Prusse, qu'il y a de quoi en perdre la raison. Les théâtres sont présidés par un intendant royal, choisi parmi les conseillers d'état; il connaît mieux que tout autre ses administrés, et, par système, il est sourd aux sollicitations des l'artiste voyageur.

En Allemagne, il faut être muni de hautes recommandations pour pouvoir franchir toutes les castes qui fourmillent dans ce pays-là, comme les insectes dans les marais. Je m'en suis passé et j'ai fait mon chemin. J'ai chanté donc à Berlin et j'ai dicté la loi aux détracteurs indigènes, ainsi que je le fis à Florence en octobre 1834. A Berlin je me suis confirmé dans mon opinion, c'est-à-dire que le public est toujours et partout juste et impartial. Le résultat de cette soirée a été pour moi le plus brillant de ma carrière d'emprunt, et M. l'intendant, qui m'esquivait auparavant, finit par me rendre des services. M. le comte Reder est le plus grand amateur qui existe en Prusse. Il est très-fort sur le piano et improvise d'une manière surprenante.

De Berlin je me rendis à Amburg, le climat y est très-humide et variable à cause de sa position topographique; pourtant Amburg offre beaucoup d'attrait aux étrangers; la situation de la ville, le mouvement, le commerce, la richesse et l'amabilité des dames vous engagent à y séjourner, mais il ne faut pas toucher la corde sensible, c'est-à-dire, y faire de la bonne musique. Les ménétriers des villes libres anséatiques ont un pouvoir insolent, et ils sont de taille à écraser le premier individu venu. J'étais recommandé par M. le comte Reder à son beau-frère M. Hiénich, riche banquier, qui venait de donner à sa sœur, en dot, 1,000,000 et demi de marques, ce qui correspond à deux millions de francs. Hé bien, j'avais eu la bêtise de me faire entendre dans une soirée que M. Hiénich avait eu soin d'organiser chez lui, cela n'empêcha pas que dans le concert public j'y fusse pour mes frais à Amburg, et sans la présence d'esprit du consul général d'Angleterre, la séance aurait dégénéré en tragédie. Talberg arriva en même temps à Amburg. Croira-t-on que Talberg, quoique allemand, éprouva le même sort : il s'agissait de piano, instrument qui forme la spécialité de tous les Allemands. Le plus grand pianiste d'Europe fut obligé de donner deux séances, l'une après l'autre, pour se rattraper un petit peu. Brema et Lubeck offrent une juste émanation de l'ensemble de ce chef-lieu où les têtes (il ne faut pas le cacher) sont plus carrées qu'ailleurs. On me suggéra d'aller en Danemarck. Les deux pays se touchent du côté d'Altona, qui a un port sur l'Elbe et forme une ville de frontière de ce côté là : voilà pourquoi le trajet n'est pas long. D'Amburg je me rendis à Cheïle, et de Cheïle, le lendemain, je m'embarquai sur le bateau qui mène les voyageurs à Kopenaguen. D'abord, il faut l'avouer, les Danois sont très-hospitaliers, et la cour considère les étrangers comme ses propres enfants. Nulle part je n'ai été plus flatté et mieux accueilli dans mes voyages qu'à Kopenaguen.

J'ai été reçu par S. A. R. le prince héréditaire d'une manière tout-à-fait fraternelle. Il me parla de Naples et du long séjour qu'il avait fait avec sa dame dans ma ville natale, et il finit par dire : Ce beau pays nous a laissé de grands souvenirs... Un concert fut bientôt organisé à la cour. Je m'y rendis, je chantai de l'italien et après avoir été assez goûté, le prince et Mme la princesse, en m'adressant la parole par des compliments flatteurs, m'accordèrent l'honneur d'assister au bal. Quatre cents personnes avaient été invitées à former le cachet de cette brillante soirée. Le buffet était garni de tout ce qu'il y a de plus recherché et servi d'une façon assez splendide. J'accostai le ministre de France qui m'avait fait l'honneur de m'annoncer à S. A. R., faute du représentant, de la part du roi de Naples.

Il me témoigna sa bienveillance, et à l'instant même, suivant le penchant de la mobilité et de la bizarrerie française, il voulut me mettre en rapport avec le beau monde.

Le ton, l'élégance et la toilette des dames ne laissaient rien à désirer. Mais ce qui me parut le plus saillant était leur chaussure. Je me disais : dans le Danemarck on n'est point du tout arriéré en fait de mode et de luxe. J'aurai toujours un touchant souvenir de la cordialité avec laquelle le roi actuel de cette péninsule a voulu me distinguer, et sans exagérer, je trouve que parmi les princes de la haute Allemagne qui sont plus ou moins affables, le roi chrétien mérite le bâton de maréchal.

Hélas ! le vent et le froid qui dominent ces contrées me forcèrent de revenir sur mes pas, n'ayant pu atteindre le but de me rendre à Stockolm et à St-Pétersbourg.

J'étais vraiment fatigué, et en battant ma retraite, je m'arrêtai en Saxe. Les Saxons ne cèdent pas aux Danois en philantropie, et si par hasard il ne m'a pas été permis de faire beaucoup de musique à Dresden, à cause des intrigues du maître de la chapelle qui était un Italien, j'ai été assez dédommagé des peines de mon voyage à Dresden et à Leipsik par les petits comités dans lesquels je me suis trouvé.

Les Saxons, je le répète, sont braves et généreux, il n'en est pas de même des Danois. Ces peuples sont généralement mous quoique bons, cela tient peut-être qu'ils se balancent presque toujours sur l'eau, vu que cet élément les environne de tous les côtés.

J'ai été en Bavière. Les Bavarois ne sont pas méchants, mais on n'y boit que de la bière; il est vrai que cette boisson est assez bonne dans les pays froids, mais toujours de la bière et puis de la bière : c'est une véritable désolation. Munich est une ville assez régulière et embellie de plusieurs monuments, cependant le froid y est insupportable à cause des montagnes du Tyrol qui la dominent. Quant à la cour il ne faut pas y penser; elle est presque toujours inaccessible. Ce n'est pas étonnant, car le roi, malheureusement pour lui, est sourd, et cette imperfection le rendant peut-être insupportable à lui-même, ce qui fait que les portes de son château sont d'ordinaire fermées aux étrangers. Il paraît aussi que tout ce qui est français chez lui n'a pas beaucoup de valeur, car l'on affirme que si son père aimait beaucoup la France, la philosophie du fils est tout-à-fait en opposition avec celle du roi décédé; cependant on sait que Charles-Auguste est très-bien avec le pape et le clergé en général; mais on ne sait pas seulement comprendre pourquoi S. M. bavaroise qui est catholique, et même très-catholique dans ses principes, s'écarte en tout ce qui concerne l'affabilité et la philantropie de la marche adoptée par les autres princes protestants du nord de l'Allemagne.

Le concert public que je donnai à Stuttgard, capitale du royaume de Wurtemberg, me dédommagea de la froideur que j'avais rencontrée en Bavière chez les hauts personnages.

En y arrivant, j'eus le bonheur de tomber d'accord avec le célèbre maître de la chapelle, Lyndpenter, homme capable, généreux et ami des artistes. Son influence, son grand mérite me mirent bientôt à l'abri de toutes sortes d'intrigues.

M. le comte de Berarding, ministre des affaires étrangères, se prit à me protéger et me proposa d'ouvrir une liste de souscriptions comme d'habitude en Allemagne; il souscrivit pour dix billets. Tout le corps diplomatique y posa sa signature; les princes de la famille royale et le ministère en firent autant.

Le formidable orchestre de Stuttgard m'étonna. Ces braves artistes laissèrent les instruments à la répétition pour claquer à leur manière. Le bruit du premier succès se répandit dans la ville, et au jour indiqué, soudain la salle fut remplie.

Tous les ministres des différentes cours étrangères étaient là aussi bien que les princes de la famille royale.

J'étais vraiment ému de me trouver en évidence avec du monde aussi distingué. L'intendant des spectacles qui m'avait fait la guerre, parut devant la porte d'entrée de la salle, et tout en faisant les honneurs, il ne pouvait pas revenir de la surprise que lui avait causée le fameux coup de patte que j'avais su lui donner. D'ailleurs, il est facile à comprendre que, n'ayant pas le prestige du sexe, mon esprit et mon rang social ont pu me procurer tant d'agrément et de plaisir dans les voyages dont il est question. Je fus très-content de moi à Stuttgard, ainsi que des efforts d'une jeune demoiselle qui débuta dans cette occasion pour faire preuve de son talent.

Les musiciens de l'orchestre, toujours conséquents à eux-mêmes, se réunirent au public et les applaudissements ne nous manquèrent certainement pas.

Après la séance, les officiers généraux et les élites de la société formèrent le cercle, et en me témoignant leur contentement, ils saluèrent le soldat-artiste.

A Calseru, la grande duchesse était indisposée; mais je fus bien reçu chez son premier chambellan, grand connaisseur et grand amateur de musique. Le type des habitants du grand duché de Baden est bien ce qui plus ou moins forme une règle générale en Allemagne.

Enfin il est évident que, si je me suis émancipé de bonne heure de la position négative à laquelle j'avais été destiné après les affaires de 1821 à Naples, position qui était la conséquence immédiate de ce tourbillon, qui dans les dispositions de réforme se manifeste comme la peste, j'y ai beaucoup gagné. Il n'y a pas de doute que j'ai essuyé des soucis et des peines pour utiliser mes moyens littéraires et musicaux, mais j'ai eu aussi bien du bonheur.

Spesso dal disordine
Nasce l'ordine.

Voilà ce qui m'est arrivé : le courage ne m'a pas manqué pour me créer une nouvelle position sociale; je me suis fait une réputation, et au lieu de vivre ignoré dans un coin de la terre, je puis être satisfait d'avoir publié plusieurs ouvrages et d'avoir fait ressource des dons dont la nature m'avait favorisé.

Apollon m'a très-souvent inspiré, et si a présent je suis en trève avec lui, c'est que j'aime mieux me reposer et rendre compte de mes voyages, de mes aventures.

Le public et la postérité sauront du moins que, si j'ai été bon soldat dans ma première jeunesse (ce qui est historique) ayant été décoré par les propres mains de Murat, sur le champ de bataille, et nommé en même temps enseigne de vaisseau, dans l'expédition qui s'effectua à Naples en 1811, pour la conquête de la Sicile, j'ai su profiter du *statu quo* qui m'avait été décerné à la vigueur de mon âge, en m'occupant de ce qu'il y a de plus agréable et d'utile à l'humanité, c'est-à-dire des arts et des lettres, lettres que j'ai aimées dès mon enfance et qui, sans contredit, m'accompagneront jusqu'au tombeau.

FIN.